LE COMBAT DE CHATILLON

ET

INVESTISSEMENT DE PARIS

AU SUD

PAR

LE Ve CORPS PRUSSIEN ET LE IIe CORPS BAVAROIS

Par Y. K.

PARIS
LIBRAIRIE MILITAIRE DE L. BAUDOIN
IMPRIMEUR-ÉDITEUR
30, Rue et Passage Dauphine, 30

1893
Tous droits réservés.

LE COMBAT DE CHATILLON

ET

L'INVESTISSEMENT DE PARIS AU SUD

PAR

LE V^E CORPS PRUSSIEN ET LE IIE CORPS BAVAROIS

PARIS. — IMPRIMERIE L. BAUDOIN, 2, RUE CHRISTINE.

LE COMBAT DE CHATILLON

ET

L'INVESTISSEMENT DE PARIS

AU SUD

PAR

LE V^E CORPS PRUSSIEN ET LE IIE CORPS BAVAROIS

Par Y. K.

PARIS
LIBRAIRIE MILITAIRE DE L. BAUDOIN
IMPRIMEUR-ÉDITEUR
30, Rue et Passage Dauphine, 30
—
1893
Tous droits réservés.

LE COMBAT DE CHATILLON

ET

L'INVESTISSEMENT DE PARIS AU SUD

PAR

LE Ve CORPS PRUSSIEN ET LE IIe CORPS BAVAROIS[1].

AVANT-PROPOS.

La critique des opérations de guerre est une œuvre complexe qui contredit singulièrement le vieux proverbe : « La critique est aisée et l'art est difficile. »

Sans doute, les difficultés qu'elle présente ne sont comparables ni par leur nature, ni par leur étendue, à celles que comporte la direction des troupes devant l'ennemi.

Mais elle exige, abstraction faite de longs travaux et de laborieuses recherches dans des documents souvent contradictoires, une entière impartialité et une compétence technique puisée en partie dans la pratique du commandement.

On ne saurait douter, en effet, qu'un écrivain militaire à qui cette pratique du commandement, même dans un cadre restreint, ferait entièrement défaut, ne soit hors d'état de se garer des écarts d'imagination, et de se rendre un compte exact des possibilités et des impossibilités.

---

[1] Cartes nécessaires à l'intelligence de cette étude :
1° Carte de l'état-major au 1/80000, feuille n° 65 (Melun);
2° Feuille n° 48 (Paris);
3° Les feuilles n° 20, 21, 26 et 27 de la carte au 1/20000 du département de la Seine, publiée par le Service géographique de l'armée.

La tâche devient particulièrement délicate quand il s'agit de retracer en tout ou partie les événements d'une guerre comme la guerre franco-allemande. Non que les documents fassent défaut, mais les malheurs d'il y a vingt ans sont encore trop près de nous ; les personnalités, les passions politiques, les haines aveugles nuisent souvent à l'impartialité de l'historien, qui ne sait pas toujours s'en dégager.

La rédaction de la section historique du grand état-major prussien peut, à coup sûr, satisfaire des Allemands.

Pour nous, Français, elle ne saurait y réussir.

Dans son ensemble, elle présente évidemment le tableau assez exact de ce qui s'est passé chez nos adversaires, tant que les rédacteurs n'ont pas eu intérêt à altérer la vérité pour masquer des défaillances ou des erreurs que, dans leur orgueil de vainqueurs, il leur coûtait d'avouer de la part de leurs troupes ou de leur haut commandement.

C'est ce que M. le lieutenant-colonel Bonnal, de l'École supérieure de guerre, a mis si magistralement en lumière dans sa remarquable étude sur l'*Invasion de l'Alsace et la bataille de Frœschwiller*.

La lecture des *Essais de Critique militaire*, par G. G., œuvre considérable, conduit aux mêmes constatations.

En France, nous en sommes toujours à attendre une œuvre analogue à celle de l'état-major prussien, et, si jamais elle paraît, elle sera la bienvenue.

Il est aisé de comprendre les raisons qui, jusqu'à ce jour, ont mis obstacle, au ministère de la guerre, à ce qu'on entreprît un travail d'une telle portée ; mais le moment est peut-être venu.

Les hommes qui ont dirigé les opérations ont presque tous disparu ; demain, les rares survivants, aujourd'hui sans commandement actif, ne seront peut-être plus là.

D'ailleurs, une publication de cette sorte présenterait toutes les garanties de modération dans la forme comme dans le fond, et irait certainement chercher l'explication de nos revers ailleurs que dans un procès plus ou moins violent fait à tel ou tel personnage.

Elle contribuerait à fixer l'opinion et mettrait sans doute un terme « à ces affreuses élucubrations milito-historiques, où le plus souvent la haine, la jalousie, l'acrimonie et surtout la politique violente priment la compétence, altèrent la vérité. »

La liste des ouvrages sérieux, dus à la plume d'hommes compétents, qui ont paru en France sur la guerre de 1870-71, serait longue à dresser.

Mais c'était là le plus souvent des livres techniques, inaccessibles au public, qui n'a guère connu les événements de cette triste époque que par des récits sans valeur militaire aucune, tenant plus du pamphlet et du roman que de l'histoire, émanant d'auteurs incompétents, absolument étrangers aux choses de la guerre, qui prennent volontiers leurs conceptions fantaisistes pour des traits de génie, et leurs critiques sans fondement pour des verdicts sans appel.

Certes, nous reconnaissons qu'il y a parmi ces écrivains de patients chercheurs, et ce ne doit pas être un mince travail que de composer, comme un d'entre eux l'a fait, une histoire de pièces et de morceaux, en découpant çà et là dans les livres des autres, pour juxtaposer ensuite, tant bien que mal, tous ces textes tronqués.

Mais, c'est se faire de singulières illusions que de s'imaginer faire œuvre d'historien militaire en se livrant à une telle besogne.

Moins on soupçonne la difficulté, moins on se montre embarrassé pour la résoudre ; voilà pourquoi un écrivain qui n'appartient pas à l'armée a pu croire que, pour justifier certains jugements, il suffisait d'écrire : « Je n'ai rien avancé qui ne fût appuyé sur de nombreuses notes, appliquant ainsi à l'histoire militaire contemporaine la méthode dont s'est servi Augustin Thierry, quand il a écrit la conquête de l'Angleterre et les récits des temps mérovingiens, la méthode qui a donné tant de prix au beau travail de MM. Aubry et Rau, sur le droit civil français. »

Une méthode a pu parfaitement servir à un historien éminent et à des légistes distingués pour mener à bien, le premier, la reconstitution faite en partie sur des chroniques du canevas incertain d'événements éloignés ; les seconds, la préparation d'un ouvrage juridique.

S'ensuit-il qu'elle puisse suffire à des écrivains absolument étrangers aux choses de l'armée, sans aucune expérience personnelle, pour écrire une critique sérieuse et détaillée d'une guerre contemporaine ?

Poser la question, c'est la résoudre.

Vouloir suivre pas à pas un ou plusieurs de ces écrivains dans ce qu'un d'entre eux appelle « ses longs travaux sur la néfaste guerre de 1870 », et faire ressortir les erreurs de jugement qu'on rencontre à chaque instant dans ces interminables compilations, constituerait un travail considérable.

Notre intention est plus limitée.

Nous allons faire simplement l'étude du combat de Châtillon[1], livré le 19 septembre 1870, par le 14e corps d'armée, sous le commandement en chef du général Ducrot, et nous établirons que les récits qu'en ont donnés quelques auteurs ne sont qu'un tissu d'appréciations erronées et de suppositions gratuites, inévitables conséquences de l'inexpérience de ces critiques incompétents et de leur ignorance des choses de la guerre.

« Ab uno disce omnes. »

On pourra ensuite se faire une idée exacte des garanties que présente certaine « étude raisonnée de la guerre de 1870 ».

Il est trop commode, en vérité, d'écarter toute chance de débats contradictoires, qui pourraient devenir fort embarrassantes si l'on venait à serrer la discussion, en écrivant : « J'ai pris la résolution inébranlable de ne répondre à aucune critique, à aucune allégation, à aucune attaque, » et d'ajouter ensuite : « Sûr du jugement de l'histoire, je charge le temps du soin de confirmer mes appréciations. »

On demeure confondu quand on voit émettre de telles prétentions à propos d'ouvrages sans originalité, où l'on s'est borné à faire la moyenne des opinions exprimées par les uns et les autres, et dont la compilation et la « découpure » forment l'unique méthode.

Comment ne pas comprendre qu'avec le système des découpures, il serait aisé d'arriver à des conclusions inverses des premières obtenues, et cela en découpant d'autres passages dans les mêmes auteurs ?

Sans doute, nous aussi, nous aurons à nous appuyer sur des documents ; encore faut-il les confronter et les discuter. En

---

[1] Combat généralement mal connu et qui a donné lieu à des interprétations souvent inexactes, bien qu'il présente à plusieurs points de vue un intérêt considérable.

outre, nous avons reconnu longuement tout le champ de bataille.

La carte ne suffit pas, *même quand on sait la lire ;* quiconque a un peu manœuvré le sait.

La méthode de compilation a évidemment ceci de commode qu'elle dispense de recherches personnelles sur les lieux, et même sur les cartes.

Mais comment prétendre retracer dans le détail les incidents multiples d'un combat sans en avoir étudié le théâtre avec soin ?

Enfin, une chose a complètement manqué aux auteurs de certains récits sur Châtillon : la notion exacte de ce qu'étaient les troupes engagées le 19 septembre.

Or, comme nous appartenions au 13e corps, nous n'avons eu qu'à faire appel à nos souvenirs. Notre régiment, le 42e, était évidemment tout autre que ceux du corps du général Renault ; mais l'état où se trouvaient les régiments de marche, ramenés à Paris par le général Vinoy, nous fournit un point de comparaison qui ne peut nous tromper.

Enfin, il nous a paru bon, indispensable même, de nous adresser aux souvenirs de certaines personnes qui ont joué le 19 septembre un rôle considérable.

Si certain critique eût mis le même soin à s'éclairer ; si, pour l'incident du Plessis-Piquet, par exemple, au sujet duquel il se livre à des discussions et à des considérations aussi interminables que fantaisistes, il eût pris la précaution de se renseigner près de l'ancien lieutenant-colonel, commandant le 15e de marche, récemment décédé général de division en retraite ; il se fût épargné bien des tortures d'imagination pour aboutir soi-disant à la découverte de la vérité, et en réalité pour n'arriver qu'à l'erreur et à des conclusions fausses.

Le plateau de Châtillon. — Son importance militaire en 1870.

Si l'on jette les yeux sur une carte des environs de Paris, on aperçoit au sud-ouest de la capitale un vaste plateau délimité au nord par une ligne allant de Bagneux à Sèvres ; à l'ouest, par la route de Sèvres à Versailles, prolongée ensuite jusqu'à la vallée de la Bièvre, par la route de Versailles à Petit-Jouy ; au sud, par la vallée de la Bièvre, de Petit-Jouy à Amblainvilliers ; au sud-est, par le cours de la Bièvre, d'Amblainvilliers à Antony ; enfin, à l'est, par la partie du chemin de fer de Limours comprise entre Antony et Cachan.

Le versant nord, qui regarde Paris, projette vers la ville des ressauts, sortes de terrasses, sur lesquelles sont assis les forts d'Issy, de Vanves et de Montrouge, dominés à courte distance, ainsi que la place elle-même. (Le fort de Vanves est commandé de 100 mètres par la pointe du plateau de Châtillon qui s'avance à 1,700 mètres de ses glacis. Les forts d'Issy et de Montrouge sont dans des conditions non moins défavorables.)

Sur ce versant, sont bâtis les villages de Meudon, Clamart, Châtillon.

La lisière sud des bois qui couvrent en partie les pentes septentrionales se trouve placée, dans presque toute son étendue, à la ligne de crête même ; cette lisière sinueuse forme des rentrants et des saillants très prononcés ; le bois de Clamart est prolongé à l'ouest par le bois de Meudon, dont la lisière s'infléchit vers le sud près de Vélizy.

Si en traversant le plateau on marche au midi, on arrive aux déclivités qui dominent la vallée de la Bièvre, entre Amblainvilliers et Jouy-en-Josas.

Au nord de Bièvre, un long ravin perpendiculaire aux crêtes, et qui remonte jusqu'à la Garenne de Villacoublay, sépare les hauteurs en deux parties distinctes : à l'est, la grande croupe allongée vers le sud, sur laquelle on trouve le bois de Verrières ; à l'ouest, la partie du plateau couverte de cultures comprise entre Montclain, Vélizy et la cote 170, d'où l'on domine Versailles.

La berge occidentale du système, entièrement boisée, va de Bellevue jusqu'au-dessus de Petit-Jouy, où elle rejoint la berge sud, c'est-à-dire la vallée de la Bièvre ; elle commande les deux voies ferrées et la route de Paris à Versailles par Sèvres.

Comme le versant sud, le versant est a devant lui un fossé naturel formé par la Bièvre qui, arrivée au sud de Verrières, change de direction et coule au nord vers Paris.

Des hauteurs comprises entre le bois de Verrières, Plessis-Piquet et Fontenay-aux-Roses, on domine, par-dessus la vallée de la Bièvre, tout le terrain jusqu'à la Seine.

Au pied des pentes, ou sur les pentes mêmes, on voit Verrières, Antony, Chatenay et Sceaux.

La partie nord-est du plateau projette dans la direction de l'est un éperon mouvementé sur deux croupes duquel on voit Fontenay-aux-Roses et Bagneux.

Le plateau, dans sa plus grande étendue, c'est-à-dire de la cote 170, à 1800 mètres de Versailles, à la butte des Maronniers, d'où l'on domine Sceaux, mesure environ 8 kilomètres.

La partie la plus étroite est comprise entre l'origine du ravin qui descend de la Garenne de Villacoublay sur Bièvre, et la naissance du vallon qui mène de Dame-Rose à Chaville.

Sur le plateau, au milieu de cultures qui gênent peu la vue de l'observateur, on rencontre quelques bouquets de bois, des fermes et quelques villages (Dame-Rose, Trivaux, Petit-Bicêtre, la Garenne, Villacoublay, Plessis-Piquet).

Petit-Bicêtre est un nœud de routes important ; la route de Paris à Versailles par Châtillon et Villacoublay s'y croise avec celle qui vient de Choisy-le-Roi par Rungis et La Croix-de-Berny.

Les bois de Verrières, de Meudon et de Clamart sont sillonnés en tous sens par de nombreuses allées et avenues qui facilitent singulièrement les marches d'approche sous bois dans lesquelles, avec des troupes nombreuses, il est ordinairement si difficile de maintenir la cohésion et la direction.

Les avenues des bois de Clamart et de Meudon viennent même rayonner jusque sur le plateau, autour de Dame-Rose, de la Porte de Trivaux, du Signal du Pavé-Blanc et de Petit-Bicêtre.

Ajoutons que la route de Corbeil à Versailles par Longjumeau et Palaiseau, après avoir longé l'éperon de Verrières et traversé Igny et Bièvre, gravit la pente du plateau de Montclain pour aller rejoindre à l'Hôtel-Dieu la route de Choisy-le-Roi à Versailles par Villacoublay.

Tel est l'aspect général du système de hauteurs auquel on a donné par extension le nom de plateau de Châtillon, et qui, en 1870, était à la fois « la clef de Paris et de Versailles ».

Nécessité d'occuper le plateau.

L'importance d'une position telle que celle que nous venons de décrire n'est pas à démontrer, aujourd'hui surtout que l'assiette du nouveau camp retranché nous en assure la possession.

En 1870, il était évident qu'en arrivant sous Paris, les Allemands auraient le plus grand intérêt à s'établir sur ces hauteurs, dont l'occupation menaçait à courte portée la partie la plus faible de nos lignes de défense, rendait possible le bombardement de la ville et diminuait considérablement le développement de leurs lignes d'investissement.

Pénétré de ces idées, le gouvernement de la régence avait entrepris sur plusieurs points des travaux de fortifications.

Mais, en élevant ces travaux, on oublia le prix du temps; c'était commettre une faute grave, et, après Sedan, alors qu'on ne pouvait plus douter de la prochaine arrivée de l'ennemi, on persista dans les mêmes errements. Tandis qu'il eût fallu compter les heures et les minutes, on chercha à faire de la fortification permanente, de la maçonnerie, oubliant l'exemple des Russes à Sébastopol ; il en résulta qu'au moment de l'arrivée des armées allemandes, rien n'était prêt ; si l'on s'était borné à remuer la terre et à utiliser les bois que l'on avait pour ainsi dire sous la main, on leur eût certainement présenté des lignes fort capables de les tenir en respect.

En outre, les points à occuper avaient-ils été judicieusement choisis ? Nous ne le pensons pas.

On ne pouvait évidemment pas songer, faute de temps, à s'établir sur tout le contour du massif que nous avons décrit.

Mais nous croyons que le tracé que nous allons indiquer eût été parfaitement exécutable, grâce aux immenses ressources de toute nature qu'offrait Paris, si les travaux entrepris vers le milieu d'août eussent été menés sans trêve ni répit, et à la condition expresse de renoncer entièrement à la fortification permanente.

La ligne à fortifier eût compris les ouvrages suivants :

1º Une redoute à Bagneux, sur l'éperon, au sud du village mis en état de défense ;

2º Fontenay-aux-Roses organisé défensivement ;

3º Une redoute sur l'éperon du Télégraphe ;

4º Le village du Plessis-Piquet, le parc Hachette et l'enclos situé au sud du village mis en état de défense, et reliés à l'ouvrage du Télégraphe par des tranchées et des abatis couvrant une batterie intermédiaire ;

5° Une redoute vers le cimetière du Plessis-Piquet, à la jonction du chemin venant de ce village avec la route de Versailles (cote 169);

6° La ferme de Trivaux organisée défensivement et, à l'est de cette ferme, une batterie croisant ses feux avec ceux de la redoute du cimetière du Plessis-Piquet sur le débouché du ravin venant de Bièvre et sur la lisière du bois de Verrières ;

7° Une ligne d'abatis reliant la ferme de Trivaux à l'étang du Tronchet, le long de la lisière du bois de Meudon ;

8° La ferme de Villebon mise en état de défense ;

9° Une redoute à l'étoile de la Patte-d'Oie, appuyée en arrière par le parc et le château de Meudon, solidement organisés ;

10° A la porte Dauphine, un ouvrage relié à l'étang de Fonceaux par une ligne d'abatis;

11° Une redoute à la Capsulerie, battant Ville-d'Avray, et, dans le cas où l'on eût perdu les hauteurs de Montretout, Saint-Cloud, qui n'eût pas été tenable pour les Allemands, puisqu'il se fût trouvé en même temps sous le canon du Mont-Valérien et de l'enceinte ;

12° L'occupation de Bellevue et de Brimborion eût appuyé à la Seine la droite de cette ligne de défense, qu'il eût convenu de couvrir, en outre, par une forte ligne de postes avancés allant de Chaville à Sèvres, le long du chemin de fer de Versailles; on aurait eu sur certains points à raser des portions de bois et à tendre des réseaux de fil de fer dans le double but d'augmenter nos champs de tir et de maintenir l'ennemi sous le feu de nos ouvrages, dans le cas, bien improbable, où il se fût risqué à tenter de les enlever.

On peut nous faire deux objections :

1° Le délevoppement de cette ligne eût été trop considérable ;

2° On n'aurait pas eu suffisamment de travailleurs pour exécuter ces travaux avant l'arrivée des Allemands.

Il est aisé d'y répondre :

Qui veut la fin veut les moyens; or, il faut convenir que tout ce pâté accidenté de Meudon et de Châtillon appartient à un seul et même système, où toutes les parties se tiennent et se commandent, pour ainsi dire, et il n'était pas possible d'en restreindre l'occupation à certains points paraissant au premier abord moins exposés; c'était tout ou rien.

Vouloir se maintenir longtemps à Châtillon et à Clamart sans être maître de Meudon était une aberration aussi grande que de prétendre rester à Meudon après perdu Châtillon et Clamart.

Il suffit de regarder une carte pour s'en convaincre.

En effet, dans la première hypothèse, l'ennemi maître du bois de Meudon, dont le bois de Clamart n'est que le prolongement, avait toute facilité pour cheminer à couvert jusqu'aux lisières sud et ouest du village de Clamart, qu'il eût en outre dominées, pendant que du parc de Meudon, son artillerie, défilée des vues du fort d'Issy, eût pris les défenseurs d'écharpe et à revers, à moins de 2,300 mètres.

Maître de Clamart, il nous interdisait un plus long séjour sur la pointe nord-est du plateau.

Dans la 2e hypothèse, les positions de Meudon prises de front, à gauche et à revers n'eussent pas été tenables un seul instant, bien moins encore que celles de Clamart et de Châtillon dans le premier cas, et les défenseurs n'eussent eu de salut que dans une retraite rapide par le Val et les Moulineaux, sur Issy.

Donc, l'occupation totale s'imposait, et, dans ce cas, la nécessité primordiale de s'assurer des vues sur le plateau, la possession de la lisière des bois et un commandement efficace sur les glacis est et ouest de la position, conduisait fatalement à un tracé analogue à celui que nous venons de proposer, tracé qui n'était lui-même que le diminutif d'un autre plus vaste auquel les circonstances imposaient de renoncer.

Quant à l'exécution des travaux, elle n'eût pas présenté des difficultés insurmontables.

Des villages organisés défensivement, des abatis à la lisière des bois, des fermes à mettre en état de défense ne demandent pas un temps bien long; pour les ouvrages, les matériaux essentiels, c'est-à-dire le bois et la terre, étaient sur place.

La main-d'œuvre pouvait-elle sérieusement faire défaut quand on avait sous la main la population ouvrière d'une ville de plus de 2 millions d'âmes, sans compter les paysans de la banlieue et les travailleurs que l'on pouvait faire venir de province?

Jamais gouverneur d'une place menacée d'un siège et ayant à élever en hâte des travaux de défense extérieure, ne s'était trouvé dans une situation aussi exceptionnellement favorable.

Malheureusement, avant le 4 septembre, bien qu'on eût commencé à organiser la défense, on n'envisageait l'arrivée de l'ennemi devant Paris que comme une éventualité très improbable; on avait foi dans la marche de Mac-Mahon vers Bazaine qui devait délivrer le territoire !

Après le 4 septembre, le général Trochu dominé par l'idée d'une attaque de vive force qu'il considérait comme certaine, portait tous ses talents indiscutables d'organisateur sur les forts et sur le corps de place.

Les déboires qu'occasionnèrent les ouvriers civils employés aux travaux vinrent en entier du manque d'ordre et du manque de direction; il fallait requérir les travailleurs de profession dans chaque arrondissement, en dresser des listes par demi-journées de travail, aller et retour compris, avec l'obligation de réunions à un point déterminé à jour et heure fixés; édicter des peines sévères contre les manquants et, par contre, payer *très cher* les travailleurs et leur allouer, en outre, une indemnité de subsistance en échange de laquelle ils eussent assuré, en l'apportant, leur nourriture, ce qui eût permis d'interdire aux marchands de boissons de s'établir autour des chantiers [1].

On eût subdivisé en secteurs les lignes à fortifier; à la tête de chaque secteur on eût placé un officier général ou supérieur qui, aidé de quelques officiers du génie aurait, en se conformant au plan général défensif adopté, réglé le tracé des lignes et des ouvrages, en laissant l'exécution matérielle aux ingénieurs, architectes, entrepreneurs qui ne manquaient pas dans Paris, et à l'inexpérience desquels on eût le tort grave d'abandonner sur bien des points le choix des tracés et la détermination des travaux.

En opérant de la sorte sur quelques autres points (moulin Saquet, Hautes-Bruyères, hauteurs de Montretout), on eût pu, en arrière, négliger l'enceinte et même pousser moins activement l'organisation et l'armement de certains forts.

Dans ces conditions, les Allemands en arrivant devant Paris auraient trouvé une ligne formidable de défenses extérieures

---

[1] Le gouvernement était puissamment aidé dans l'accomplissement de cette difficile mission (la mise en état de défense de Paris) par le dévouement absolu avec lequel la population entière courait au devant des sacrifices (*Relation de l'état-major allemand*, tome X, page 31).

qui eût repoussé au loin certaines parties de leur cordon d'investissement, et dont ils ne se fussent rendus maîtres qu'au prix des plus cruels sacrifices et en risquant un échec dont les conséquences eussent été des plus graves pour eux.

Mais telle n'était pas la situation, tant s'en fallait, au 15 septembre 1870.

Voici quel était l'état exact des travaux à Meudon et à Châtillon : « *La redoute de Châtillon*, établie à l'entrée du plateau et à cheval sur la route était beaucoup trop près de l'enceinte de Paris; le Pavé-Blanc (cote 169) lui masquait une partie du plateau; de plus elle pouvait être facilement tournée par le bois de Meudon en passant derrière la ferme de Dame-Rose et la ferme de Trivaux.

« *L'ouvrage de Meudon* s'appuyait au Château; il flanquait assez mal la redoute, car il n'avait aucune vue sur l'ennemi s'avançant à travers les bois touffus de Meudon et de Clamart.

« *Redoute de la Capsulerie*. — Cet ouvrage quadrangulaire s'élevait au-dessus de Sèvres; on devait la relier avec l'ouvrage de Meudon par l'étang de Fonceaux et une ligne d'abatis; tous les bois en avant auraient été coupés; mais le temps et les bras manquèrent pour exécuter ces travaux complémentaires et indispensables.

« *Brimborion* s'élevait sur le contour du mamelon où se trouve Bellevue; il enfilait la vallée de la Seine et battait directement le pont de Sèvres. » (GÉNÉRAL DUCROT, — *La défense de Paris*, t. I, page 201.)

Comme on le voit, tout cela était bien insuffisant et l'on comprend sans trop de peine que, convaincu de l'imminence d'une attaque de vive force, le général Trochu, devant un tel état de choses, ait d'abord pris la résolution « d'abandonner les positions extérieures, en se bornant à la défense des forts et du corps de place » et au besoin des barricades élevées en arrière des remparts, en un mot « de faire du Saragosse en grand »[1].

Cet état d'esprit explique, du reste, toute la conduite du général Trochu pendant les premiers jours de l'investissement.

---

[1] Voir dans *La Défense de Paris*, tome Ier, pages 2 et 3, tout l'exposé fait par le gouverneur au général Ducrot, lors de son arrivée à Paris.

Tel ne fut pas l'avis du général Ducrot, évadé de Pont-à-Mousson, lorsqu'il arriva à Paris le 15 septembre.

Pour lui, et à juste titre, les hauteurs de Châtillon et de Meudon avaient une importance telle qu'il fallait, à tout prix, essayer de s'y maintenir; il finit par convertir le gouverneur à son opinion, qui n'était que le sentiment exact de la situation.

Le 16, les deux généraux visitaient toutes les positions depuis Montretout jusqu'à Bagneux.

Partout les ouvrages, mal placés d'ailleurs, étaient inachevés ; partout, comme le dit le général Ducrot « chaos, confusion, manque de direction, défaut d'exécution ».

Malgré tout, il fut décidé qu'on chercherait à se maintenir sur ces positions et qu'on les disputerait énergiquement à l'ennemi.

Journée du 17 septembre.

En conséquence, dès le 17 au matin, le 14e corps prenait les positions suivantes :

La 1re division (de Caussade), entre Clamart et Châtillon ;
La 2e division (d'Hugues), à Châtillon ;
La 3e division (de Maussion), à Bagneux ;
Le quartier général du 14e corps à Châtillon.

Le général Ducrot, nommé à la date du 16 commandant en chef des 13e et 14e corps s'installait à Châtillon, à portée du 14e corps dont l'organisation était encore très défectueuse; le 13e corps couvrait Vincennes sous les ordres du général Vinoy ; le gouverneur considérait cette position comme très hasardée (les redoutes de Gravelle et de la Faisanderie n'étaient pas armées).

La journée du 17 fut employée à fortifier rapidement Fontenay-aux-Roses, Clamart et les abords de la redoute de Châtillon.

Des épaulements pour l'artillerie furent élevés sur l'éperon du Télégraphe; Bagneux fut organisé défensivement, et les batteries furent placées sur l'éperon au sud de cette localité.

En même temps qu'il faisait exécuter ces travaux, le général Ducrot envoyait un de ses officiers d'ordonnance, le capitaine Favcrot de Kerbrech, exécuter une reconnaissance sur tout le terrain compris entre la route de Toulouse et la route de Versailles par Villacoublay ; la vallée de la Bièvre fut explorée ; nulle part on ne rencontra l'ennemi.

Informé du combat livré le même jour à Montmesly et persuadé que les Allemands franchiraient la Seine pendant la nuit, le général Ducrot, voulant avoir des renseignements précis sur la direction de leurs colonnes après le passage, ordonna au capitaine Faverot d'exécuter le lendemain une seconde reconnaissance jusqu'au contact.

Cette même journée du 17 donnait lieu, du côté des Allemands, aux mouvements suivants :

Pendant que l'armée de la Meuse était chargée d'effectuer l'investissement entre la Marne et l'Oise, la IIIe armée devait s'établir entre la Marne et la Seine, sur toute la zone de la rive gauche ; en conséquence, à la IIIe armée, le VIe corps marchait sur Pontault et Noiseau, le Ve sur Villeneuve-Saint-Georges ainsi que la 2e division de cavalerie ; le IIe corps bavarois sur Corbeil pendant qu'une brigade de la 4e division de cavalerie poussait sur Melun.

Le combat de Montmesly était provoqué par une reconnaissance faite par la division d'Exea, sous les ordres du général Vinoy, qui fit replier ses troupes sur Créteil, après une perte de 8 tués et de 37 blessés, dès qu'il reconnut que l'ennemi était en forces et qu'il se portait sur Choisy-le Roy. Il s'était heurté aux 58e et 59e régiments du Ve corps prussien, soutenus par une batterie lourde.

Pendant ce combat, la tête du Ve corps atteignait Villeneuve-Saint-Georges, y jetait un pont qui permettait au 47e de passer sur la rive gauche où il s'établissait à Ablon pendant la nuit ; le reste du corps d'armée cantonnait sur la rive droite à Limeil et à Boissy-Saint-Léger.

La 2e division de cavalerie passait également la Seine à Villeneuve et poussait jusqu'à Juvisy et Athis.

Le VIe corps atteignait Pontault et Noiseau, poussant ses avant-postes jusqu'à Champigny, Ormesson et Sucy.

Quant au IIe corps bavarois, il jetait un pont à Corbeil ; une division passait la Seine avec une brigade de uhlans et atteignait Bretigny, Villemoisson et Saint-Michel, la cavalerie poussait jusqu'à Longjumeau.

Avant d'exposer les incidents de la journée du 18, disons de suite qu'en face de l'ennemi qui arrivait en masses il n'y avait que deux manières de résoudre le problème de la conservation des hauteurs de Meudon et de Châtillon :

1º Attendre l'ennemi sur ses positions, et s'y défendre ;
2º Prendre soi-même l'initiative de l'attaque.

La défensive ne pouvait mener qu'à l'évacuation des hauteurs du moment que le gouvernenr ne mettait pas le 13º corps à la disposition du général Ducrot pour assurer sa droite, en occupant solidement les positions de Meudon.

Un écrivain qui ne ménage pas les critiques dit bien que le général Ducrot eût pu protéger sa droite « en garnissant de quelques compagnies les hauteurs du bois de Meudon, depuis Vélizy jusqu'à la Capsulerie. » Voyez-vous d'ici quelques compagnies couvrant en pays boisé un front de près de 4 kilomètres !

Non, étant donnée la situation des travaux à peine ébauchés, c'était tout le 13º corps qu'il fallait pour tenir Meudon ; sinon, cette position ne pouvait tarder à être au pouvoir de l'ennemi, ce qui entraînait infailliblement et à bref délai, nous l'avons démontré, l'évacuation de Châtillon.

Voilà pourquoi M. Ballue commet une erreur quand il écrit : « Le général Ducrot eut le tort impardonnable d'aller chercher l'ennemi en rase campagne, au lieu de se tenir prudemment sur la défensive. »

L'offensive s'imposait au contraire, et, dans les conditions qui lui étaient faites, le général Ducrot eut mille fois raison de penser qu'il « fallait agir tout de suite, vigoureusement, ou s'abstenir. »

En cela, il se trouvait en contradiction d'idées avec le gouverneur, qui considérait l'évacuation du plateau de Châtillon comme une éventualité à laquelle il faudrait bien se résigner tôt ou tard.

Le général Ducrot lui ayant fait remarquer quel effet moral désastreux ne pourrait manquer d'avoir sur l'armée et la population « le défilé tranquille des colonnes allemandes de la Seine sur Versailles », il avait fini par consentir à ce qu'on le dérangeât quelque peu, mais sous condition que ce ne serait « qu'une contestation à distance et à coups de canon, et que tout se terminerait par une retraite sur les forts du sud. »

En réalité, l'offensive seule nous permettait, en attaquant en masses et avec vigueur un ennemi nécessairement morcelé qui ne s'attendait à rien de semblable, d'obtenir un succès qui eût élevé très haut le moral de nos jeunes troupes.

Si l'on parvenait à repousser les premières troupes allemandes qui avaient passé la Seine, avant que leur concentration ne fût opérée, on mettait l'état-major prussien dans la nécessité d'accepter le fait accompli et de renoncer au plateau de Châtillon, ou bien de réunir contre nos troupes victorieuses des forces suffisantes pour les refouler sur les forts, et dans ce cas il eût fallu appeler le IVe ou le VIe corps, c'est-à-dire dégarnir en partie les lignes d'investissement.

De toutes façons, on gagnait du temps, et l'on pouvait améliorer les travaux de défense sur les hauteurs.

Journée du 18.

Le 18, sur la demande du général Ducrot, le régiment de marche de zouaves se rendait de Montretout à Meudon.

Le général, qui ne néglige rien pour s'éclairer et se renseigner, envoie deux de ses officiers d'ordonnance en reconnaissance, — le capitaine Faverot de Kerbrech, vers la Seine, — le capitaine de Louvencourt, vers Bougival et Saint-Germain.

La reconnaissance du capitaine de Louvencourt ne rencontre pas l'ennemi.

Celle du capitaine Faverot, qui se compose de quatre pelotons de guides, a ordre d'aller jusqu'au contact.

Son peloton de gauche se heurte à quelque distance de Palaiseau contre des cavaliers ennemis ; il gagne alors en observation le bois de Verrières.

De l'extrémité du plateau, il découvre une colonne de quatre escadrons qui marche sur Versailles par Bièvre.

Le capitaine Faverot envoie à son peloton de droite, qui opère vers Toussus, l'ordre de se replier sur Paris par Sèvres, car il peut être coupé, et au peloton de soutien à l'Hôtel-Dieu l'ordre d'appuyer sur le peloton également en soutien à Petit-Bicêtre ; puis il replie tous ses éclaireurs pour tâcher d'attirer les cavaliers allemands sur le plateau et vient de sa personne rendre compte au général Ducrot.

La brigade de Bernis est campée près du fort de Montrouge ; elle vient d'être mise à la disposition du général Ducrot.

Elle comprend : le 2ᵉ régiment de marche de cuirassiers (4 escadrons), — le régiment de gendarmerie (6 escadrons), — le 2ᵉ régiment de cavalerie mixte (4 escadrons). — Total : 14 escadrons.

La reconnaissance du capitaine Faverot n'avait signalé que de la cavalerie (4 escadrons) ; on pouvait donc espérer, si la cavalerie allemande s'engageait sur le plateau, la charger dans de bonnes conditions et lui infliger un échec.

Le général Ducrot ordonne donc à la brigade de Bernis de monter à cheval, et de faire une forte reconnaissance dans la direction de Verrières.

Il l'appuie par une batterie à cheval et la dirige par la route du Plessis-Piquet vers les points où la cavalerie ennemie est signalée, avec ordre *de tenter un coup de main contre cette cavalerie qui nous donnait le flanc en nombre bien inférieur, et de couper la retraite aux escadrons ennemis les plus avancés.*

Le capitaine Faverot chargé de porter l'ordre à la brigade de Bernis doit ensuite la guider.

D'ailleurs, le 15ᵉ de marche (lieutenant-colonel Bonnet), auquel sont adjointes deux compagnies de chasseurs à pied, a déjà reçu l'ordre d'occuper Plessis-Piquet, avec une grand'garde à Moulin-Plessis. De là, il couvrira donc le flanc de notre cavalerie.

Pour parer à toute éventualité, la division de Caussade prend position à la lisière du bois de Meudon, la division d'Hugues à l'est de la redoute.

La brigade de Bernis, après avoir dépassé Plessis-Piquet, s'était massée à l'abri du mur d'un des parcs au sud du village, masquée aux vues de l'ennemi.

Son chef envoie un escadron de chasseurs de la garde en éclaireurs vers le bois de Verrières ; il espère que les cavaliers ennemis donneront la charge à nos fourrageurs, et qu'il pourra, avec ses régiments, les charger en flanc.

Il y avait là une idée juste ; si la cavalerie ennemie s'était aventurée sur le plateau (et il y avait lieu de s'y attendre, puisqu'elle couvrait le front et les flancs, *le flanc droit principalement*, de la colonne allemande en marche sur Versailles), elle avait grande chance de tomber sous les sabres de la brigade de Bernis, qui renfermait des éléments solides, comme on pourra en juger par son attitude dans la journée du lendemain, et avait, en outre, une supériorité numérique écrasante.

Croirait-on que cet ensemble de dispositions, absolument logique, n'a pas trouvé grâce devant l'inexorable critique d'un auteur qui a longuement écrit sur Châtillon !

Il n'a pas lu ou plutôt il n'a pas compris la teneur des ordres donnés par le général Ducrot, et croit ou feint de croire qu'il ne s'agissait que d'une reconnaissance dans la direction de Verrières pour se rendre compte de la marche des colonnes allemandes, et alors il s'écrie : « Que peut une brigade contre les forces dont disposent les Prussiens ? Est-ce pour se renseigner que le général Ducrot jette ainsi nos rares cavaliers en proie à l'ennemi ? Mais la reconnaissance du capitaine Faverot lui suffit pour savoir que les Allemands s'avancent sur Versailles. Est-ce pour les attaquer en pleine marche ? Mais alors ce n'est pas seulement de la cavalerie qu'il faut envoyer, l'infanterie doit être de la partie, et il se contente de porter en réserve au Plessis-Piquet et à Moulin-Plessis un régiment de marche et deux compagnies de chasseurs à pied ! »

En quoi la brigade de Bernis est-elle jetée en proie à l'ennemi ?

Où est-il question d'attaquer les Allemands en pleine marche ?

L'écrivain que nous combattons discute non sur les ordres donnés à la brigade de Bernis, mais bien sur la destination que, dans son imagination, il rêve lui avoir été assignée, et alors il a beau jeu.

Nous verrons, d'ailleurs, que le rôle de protection que devait remplir le 15ᵉ de marche au Plessis-Piquet n'était qu'accidentel et que le général en chef avait, dès le 17 au soir, des intentions bien arrêtées sur cette position du Plessis-Piquet.

Mais, passons. Le général de Bernis ne voyant pas l'ennemi se montrer, porte en avant sa brigade formée en colonne serrée pour appuyer l'escadron d'éclaireurs ; à Petit-Bicêtre, celui-ci se trouve en présence de dragons prussiens, qu'il charge immédiatement, mais devant des feux d'infanterie partant de l'Abbaye-aux-Bois, il rétrograde sur Petit-Bicêtre.

Le récit dont nous avons cité un extrait est disposé de telle sorte qu'il donne à entendre que la brigade de Bernis serait tombée tout entière sous le feu de l'infanterie allemande qui l'aurait contrainte à revenir sur la redoute.

Cela est une erreur de plus.

La brigade n'avait pas atteint Petit-Bicêtre ; elle était donc hors de portée des fusils des fantassins allemands de l'Abbaye-aux-Bois, qui ne pouvaient tirer que sur son escadron d'éclaireurs.

Loin de se replier sur Châtillon après cette fusillade qui n'avait été dirigée que sur cet escadron, elle continue à s'avancer sur Villacoublay, modifiant seulement sa direction et envoyant dans tous les sens des patrouilles qui explorèrent le plateau jusqu'à Montclain.

Alors seulement, ne voyant plus rien, jugeant sa reconnaissance terminée, le général de Bernis fit faire demi-tour à sa colonne et reprit le chemin de la redoute où elle n'arriva *qu'à 4 heures du soir*, après avoir eu occasion de refouler sur la Garenne de Villacoublay un groupe ennemi qui s'était avancé jusqu'à la ferme dite Pointe de Trivaux. (*La Défense de Paris*, t. 1, pages 16 et 17. — Rapport du général Ducrot sur le combat de Châtillon, en date du 20 septembre.)

De son côté, le général Ducrot escorté d'un peloton de guides, s'était rendu au Moulin-Plessis ; il fut accueilli, en se dirigeant de là vers le Petit-Bicêtre, par une fusillade partie du bois de Verrières ; il rétrograda sur Plessis-Piquet, dont il examina les défenses, et remonta sur le plateau entre la porte de Châtillon et à Pointe de Trivaux, où il rencontra la brigade de Bernis revenant de sa reconnaissance.

Du côté des Allemands, l'avant-garde du Ve corps prussien, sous les ordres du colonel von Flottow, avait atteint l'Abbaye-aux-Bois ; les détachements qu'elle envoya vers Petit-Bicêtre ayant reçu des coups de fusil, le colonel fit avancer 2 bataillons du régiment n° 47, pendant que le bataillon de fusiliers marchait sur Villacoublay, couvert sur son flanc gauche vers Montclain par un demi-escadron de hussards.

Un bataillon prussien se porte sur le bois de la Garenne, d'où il chasse nos tirailleurs qui se replient poursuivis par une compagnie allemande ; cette compagnie recevant des coups de feu de la ferme de Dame-Rose, le colonel von Flottow pousse sur cette ferme le bataillon de fusiliers venant de Villacoublay, un bataillon restant en réserve à Petit-Bicêtre et deux compagnies tournant la position par la Pointe de Verrières, jusqu'au bois de Meudon.

Les zouaves qui sont à Dame-Rose résistent peu ou pas; à 3 heures les Prussiens sont dans la ferme, où ils font 60 prisonniers.

Un demi-peloton que le bataillon de réserve avait dirigé contre la ferme dite Pointe de Trivaux pour couvrir l'attaque sur la droite avait été repoussé, comme nous l'avons vu, par la brigade de Bernis, qui s'était déployée et avait mis 2 pièces en batterie.

L'affaire de Dame-Rose avait fait si peu de bruit, les zouaves étant partis après n'avoir tiré que quelques coups de feu, que la brigade de Bernis n'avait rien entendu.

Vers 4 heures, le colonel von Flottow rallia tout son régiment à Petit-Bicêtre, ses sentinelles ne dépassant pas la Garenne de Villacoublay et le Pavé-Blanc.

La compagnie française occupant la ferme de Trivaux put ainsi faire une reconnaissance jusqu'au delà de la Pointe de Trivaux sans rencontrer l'ennemi.

Positions respectives des Allemands et des Français le 18 septembre au soir.

Français. — La division de Caussade dans le bois de Meudon, de la ferme de Trivaux jusqu'au-dessus de Clamart; la division d'Hugues, à l'est de la redoute de Châtillon; la division de Maussion, relevée à Moulin-Saquet et aux Hautes-Bruyères par la division de Maud'huy, du 13e corps, à Bagneux et sur l'éperon au sud de Bagneux, avec ordre de détacher, le 19 au matin, un régiment pour occuper la redoute et ses abords.

Dans la nuit, huit pièces de 12 furent placées dans la redoute, quatre pièces de 12 derrière des épaulements, près du Télégraphe, au bord de l'éperon nord du plateau, croisant leurs feux avec les batteries de l'éperon de Bagneux.

La réserve de cavalerie et l'artillerie aux abords de la redoute.

Allemands. — Du côté des Allemands, l'avant-garde du Ve corps (18e brigade) a son gros à Bièvre et à Igny, avec un bataillon du 47e à Petit-Bicêtre et au bois du Loup-Pendu, poussant ses avant-postes jusqu'à Villacoublay; le reste du 47e à Malabry et à l'Abbaye-aux-Bois.

La 17ᵉ brigade est à Massy et Verrières.

La 10ᵉ division est à Palaiseau.

Au IIᵉ corps bavarois, la 3ᵉ division d'infanterie et la brigade de uhlans ont atteint Longjumeau, d'où la 5ᵉ brigade avec 2 batteries et 2 régiments de chevau-légers s'est portée aux environs de Massy et de Vissous, avec ses grand'gardes, entre La Croix-de-Berny et La Belle-Épine.

La 4ᵉ division est à Montlhéry, Saulx-les-Chartreux et Arpajon ; la réserve d'artillerie à Amblainvilliers.

Les forces françaises sont donc, le 18 au soir, beaucoup plus concentrées que les forces allemandes.

Dans ces conditions, attendre leur attaque, c'est leur permettre de réunir tous leurs moyens pour nous chasser de nos positions.

Au contraire, prendre l'offensive le 19 au matin, c'était se donner des chances de battre les 17ᵉ et 18ᵉ brigades prussiennes, ainsi que la 1ʳᵉ brigade bavaroise, manquant de cohésion entre elles et disséminées, avant que de Palaiseau la 10ᵉ division prussienne, et de Montlhéry et Sceaux-les-Chartreux la 4ᵉ division bavaroise ne fussent à même de les secourir.

En rentrant à son quartier général le 18 au soir, le général Ducrot y trouva une longue lettre du général Trochu, dont nous détachons les passages suivants :

« Si l'ennemi s'allongeait devant vos positions, cheminant sur Versailles, vous pourriez tâter son flanc, *mais avec la plus grande circonspection ;* car, en sortant de la position défensive où vous êtes, et perdant l'appui des forts, vous perdriez du même coup une part notable de vos avantages. Vous jugerez, d'après cette donnée qui m'est fournie, que l'ennemi avait cette nuit le plus gros de sa masse à 2 ou 3 kilomètres en avant de Villejuif.

« Si vous n'êtes pas attaqué aujourd'hui, et si vous ne pouvez pas attaquer, il faut penser à la journée de demain et aux jours suivants, car vous avez aujourd'hui un maximum de facilités et d'équilibre que le temps réduira infailliblement [1].

« Deux cas se présenteront alors :

« Où nous nous entêterons à garder la position que vous tenez ;

---

[1] Cela était indiscutablement vrai ; voilà pourquoi le général Ducrot eut cent fois raison d'attaquer le 19 au matin.

mais alors je devrai penser à assurer votre droite, et j'aurai l'obligation de faire passer le reste du 13e corps à Meudon et à Montretout, abandonnant à sa destinée Vincennes que je considère comme très hasardé. Nous aurions alors près de 60,000 hommes en ligne, de Bagneux à Montretout, et tous nos œufs seraient, comme on dit, dans le même panier.

« En outre, nos positions de Clamart à Montretout seraient infailliblement percées à un jour donné par des colonnes cheminant dans les bois et par les routes de Chaville et Saint-Cloud.

« Il ne me paraît donc pas que nous puissions prétendre tenir indéfiniment dans une position contre laquelle l'ennemi, quand il lui conviendrait, pourrait conduire, après sa concentration sur Versailles, des forces considérables. »

En résumé, d'après le gouverneur, si l'on prenait le parti d'attaquer les colonnes allemandes, il ne fallait le faire qu'avec la plus extrême réserve.

Pour le général Ducrot, au contraire, « en attaquant *immédiatement*, notre bonne position, nos 100 pièces d'artillerie nous permettaient d'espérer un avantage contre un adversaire en flagrant délit de mouvement, pourvu seulement que les 30,000 hommes de troupe dont nous disposions fussent passables.

« L'avant-garde de l'ennemi n'était pas nombreuse; ses colonnes étaient morcelées depuis Choisy-le-Roi jusqu'à Vélizy; peut-être même toutes ses forces n'avaient-elles pas entièrement franchi la Seine vers le sud; à coup sûr, pas une de ses colonnes venant par le nord de Paris n'avait encore traversé le fleuve; la reconnaissance du capitaine de Louvencourt l'établissait surabondamment.

« Toutes ces réflexions se présentaient à l'esprit du général et le préoccupaient d'autant plus vivement qu'à Frœschwiller et à Sedan il avait vu que nous avions été écrasés parce que nous nous étions tenus constamment sur la défensive, laissant à l'ennemi les moyens et le temps d'exécuter toutes ses combinaisons stratégiques et tactiques.

« Cette fois, nos adversaires n'étaient pas concentrés; ils étaient en pleine opération; si nous tombions brusquement sur leur flanc droit, nous avions chance de les rompre, peut-être même de les refouler jusqu'à la Seine; il ne fallait donc pas laisser échapper une telle occasion. »

Quand le général Ducrot estimait que « les Allemands, *ne pensant pas être attaqués*, se départiraient peut-être de leurs précautions habituelles », il avait deviné juste. Que lisons-nous, en effet, dans l'ordre donné au grand quartier général allemand de Château-Thierry, le 15 septembre : « *Comme il est hors de supposition que les troupes de Paris prennent l'offensive*, la IIIe armée pourra exécuter son mouvement dès à présent, sans se préoccuper de l'arrivée en ligne de la subdivision d'armée de S. A. le prince royal de Saxe. »

De notre exposé des mouvements exécutés à la IIIe armée allemande pendant cette journée du 18 septembre, il ressort clairement combien nos adversaires en avaient pris à leur aise, parce que, pour eux, la garnison de Paris était loin de songer à entraver la marche d'un quelconque de leur corps.

Décidé à l'offensive, le général Ducrot donna le soir même ses instructions à ses divisionnaires :

« A droite, la division de Caussade longera les bois, de manière à déborder Villacoublay sur la droite, *pendant que le régiment de zouaves se portera de Meudon sur Dame-Rose pour couvrir son flanc droit et l'appuyer.*

« La 2e division (général d'Hugues) formera la gauche ; elle suivra la route de Châtillon à Versailles, sa gauche couverte par les troupes établies à Moulin-Plessis et à Plessis-Piquet.

« Au centre marchera la brigade de cavalerie de Bernis suivie de l'artillerie ; la cavalerie formera une ligne à intervalles de 6 colonnes, les deux des ailes de 4 escadrons, les autres de 2, serrés en masse, reliant les 2 divisions d'infanterie ; derrière chaque colonne, suivra un groupe de 2 batteries.

« On conservera cet ordre jusqu'à la rencontre de l'ennemi ; aussitôt sa présence signalée, l'artillerie passant par les intervalles des escadrons se déploiera sur le plateau.

« Les 68 bouches à feu (2 batteries n'avaient que 4 pièces), appuyées en arrière par la cavalerie, sur les flancs par l'infanterie, couvriront de projectiles le front ennemi.

« L'objectif de la 1re division sera *Villacoublay, Dame-Rose* et plus tard *Vélizy ;* celui de la 2e sera *Petit-Bicêtre* et *le bois de Verrières*.

« *Ces points occupés*, l'artillerie viendra *border les crêtes de la vallée de la Bièvre*, d'où elle canonnera les colonnes ennemies.

« Pendant ce temps, la 3ᵉ division du 14ᵉ corps (de Maussion) établie à Bagneux, gardera les débouchés de la vallée de la Bièvre, détachant un bataillon à Fontenay et un régiment à la redoute.

« Le 15ᵉ de marche (lieutenant-colonel Bonnet), se maintiendra, *quoi qu'il arrive*, à Plessis-Piquet jusqu'à la dernière limite. » (Nous reviendrons du reste longuement sur les ordres donnés à ce régiment.)

« Ce plan, dit le général Ducrot, était simple, d'une exécution facile ; on ne pouvait demander davantage à des troupes si jeunes ; hélas ! elles étaient malheureusement plus novices encore que le commandant en chef ne le supposait. »

L'ordre donné au 14ᵉ corps mérite qu'on s'y arrête.

Ce qui frappe d'abord, c'est la formation préparatoire prise par le corps d'armée.

Dans un ouvrage dont nous avons déjà parlé, *Essais de Critique militaire*, par G. G., œuvre du plus haut mérite, nous lisons en note à la page 234 : « *De Goltz et la relation officielle* (page 665) mentionnent le dispositif de marche ordonné par Frédéric-Charles dans chaque corps d'armée, dans la matinée du 18 août, *l'artillerie de corps au centre, les 2 divisions en masses sur les ailes. Ce dispositif suscita de vives résistances ; c'était cependant une inspiration de génie, et une formule qu'il faudra nous rappeler dans les guerres à venir.* »

Il est à remarquer que cette formation est précisément celle que fit prendre au 14ᵉ corps d'armée le général Ducrot dans la matinée du 19 septembre.

Pouvoir immédiatement ouvrir le feu avec toutes ses pièces qui forment comme « la charpente de la ligne de bataille », prendre ainsi l'ascendant sur l'artillerie adverse, assurer la concentration des feux et se réserver la possibilité des mouvements avec de grosses masses sur les ailes, sont autant d'avantages qui découlent de cette formation même ; ajoutons que c'est la première fois que, depuis le début de la guerre, nous trouvons dans l'armée française un dispositif tactique réellement judicieux des grandes unités.

Les écrivains qui ont formulé tant de critiques à propos de Châtillon, sont naturellement muets sur la formation ordonnée au 14ᵉ corps d'armée ; cet ordre de marche très groupé qui laissait nos jeunes troupes absolument dans la main de leurs chefs et était fait pour leur inspirer confiance, ne les a même pas frappés; d'ailleurs, l'un d'eux l'a si peu compris, qu'il écrit : « A vrai dire, puisque la division de Maussion restait à Bagneux, en lançant ses troupes à 6 heures du matin contre les Prussiens, le général Ducrot avait la division de Caussade à sa droite, la cavalerie, *l'artillerie et la division d'Hugues au centre, le* 15e *de marche et les chasseurs à sa gauche.* »

Le 14e corps a un objectif défini ; l'ordre du général Ducrot l'indique nettement et la formation tactique qu'il donne à ses troupes est en harmonie parfaite avec le but à atteindre, bien que tel ne soit pas l'avis de M. Viollet-le-Duc, qui a dû puiser évidemment une grande compétence dans ses études d'architecture : « Les corps, dit-il, furent engagés un peu au hasard, et sans qu'il apparût un plan d'ensemble. »

En ce qui concerne la division de Maussion, le général Ducrot fit sagement en la laissant à Bagneux et à Fontenay, bien qu'on ait prétendu qu'il y avait lieu de la porter en avant en même temps que les autres. Ainsi formée en échelon débordant en arrière de notre gauche, elle empêchait et prenait en flanc toute action des Allemands contre Plessis-Piquet, par le ravin qui descend de ce village vers Bourg-la-Reine ; elle assurait donc de toute façon et surtout en cas d'insuccès, la sécurité des troupes engagées sur le plateau. *En cas de réussite, et seulement alors,* prenant l'offensive sur Châtenay, elle pouvait compromettre les troupes ennemies que l'attaque du 14e corps aurait refoulées dans la vallée de la Bièvre.

Quant à faire venir la division de Maussion sur le plateau même de Châtillon, où la division d'Hugues et la division de Caussade, avec le régiment de zouaves, formaient déjà un effectif de plus de 17,000 hommes d'infanterie destinés à agir sur un front maximum de 2,500 mètres dont l'artillerie occupait à elle seule près de 1000 mètres, c'eût été créer un encombrement dangereux, comme à Buzenval, où l'on amena 100,000 hommes sur un champ de bataille ne pouvant même pas en contenir 50,000.

D'ailleurs, le récit du combat prouvera que ce ne fut pas la quantité, mais bien la qualité des troupes qui fit défaut.

Journée du 19 septembre.

1re Partie : l'offensive.

En exécution de l'ordre général du 18, le 19, à 5 heures du matin, le 14e corps se met en mouvement dans la formation prescrite ; les divisions de Caussade et d'Hugues, qui ont laissé leurs sacs à leur position de bivouac, sont éclairées en avant de leur front par des compagnies de francs-tireurs formées dans les régiments d'infanterie.

Le brouillard est intense, et vers 6 heures 1/4 nos éclaireurs se trouvent à très petite distance des tirailleurs prussiens ; des coups de feu sont échangés.

Nos colonnes d'infanterie s'arrêtent, la division de Caussade à hauteur de la Pointe de Trivaux, la division d'Hugues à la tête du ravin du Plessis-Piquet, où elle est masquée aux vues de l'ennemi.

Vers 6 heures 1/2 le brouillard se dissipe ; des groupes ennemis occupent Petit-Bicêtre, Villacoublay et l'intervalle qui sépare ces deux points ; les tirailleurs allemands évacuent le Pavé-Blanc et se replient sur la Tuilerie.

Évidemment, on n'a affaire qu'à des postes avancés ; il faut les refouler pour y voir clair et donner du moral à nos jeunes troupes.

Sur l'ordre du général Ducrot, une compagnie du 7e bataillon des mobiles de la Seine se porte sur la Tuilerie pour en chasser l'ennemi ; mais elle s'arrête à 100 mètres de la route de Versailles devant une fusillade très vive ; le chef de bataillon, sur l'ordre du général en chef, se porte à cette compagnie, l'enlève par son exemple, et les Allemands chassés de la Tuilerie regagnent le bois de Verrières.

On a écrit qu'à la suite de cet incident, « nous avons rempli ce bois de nos tirailleurs. » L'erreur est manifeste.

On s'est basé sur le récit allemand (page 65) où il est dit, en effet, qu'un groupe français « débouchant par le Pavé-Blanc se prolongeait à l'est de Petit-Bicêtre et jetait des nuées de tirailleurs dans le bois de Verrières. »

Remarquons d'abord que le récit de l'état-major allemand est muet sur la prise de la Tuilerie par les mobiles, incident qui a suivi forcément le débouché de cette troupe par le Pavé-Blanc. Il y a là une première inexactitude ou plutôt une omission voulue pour ne pas avouer que des troupes prussiennes ont dû rétrograder devant une compagnie de mobiles.

On se sert du mot « groupe » qui laisse dans le vague l'effectif des assaillants, et, pour continuer la fiction et légitimer le mouvement de recul des siens, on imagine des nuées de tirailleurs qui envahissent le bois de Verrières.

Notons d'abord qu'il n'en est question dans aucun rapport français.

Puis, d'où seraient sorties ces nuées de tirailleurs ?

Est-ce le bataillon de mobiles dont une compagnie vient d'enlever la Tuilerie ? Mais non; il n'a pas poussé au delà, puisque tout à l'heure il sera destiné à garder la Tuilerie pendant que le 19e de marche, la dépassant, tentera cette attaque du bois de Verrières qui aurait été sans objet si ce bois avait déjà été rempli de nos tirailleurs.

Est-ce le 19e de marche ? Évidemment non : dans l'attaque qui va suivre et dont la prise de la Tuilerie n'a été que le prélude, son premier bataillon partira *de cette ferme*, les deux autres restant en soutien à hauteur du Pavé-Blanc.

Quant au reste de la division d'Hugues, il est en ce moment bien plus en arrière encore, à hauteur du cimetière du Plessis-Piquet.

Ce ne sont pas davantage les francs-tireurs de la division qui vont se porter à l'attaque du bois de Verrières en même temps que le 19e de marche, et qui sont en arrière de la Tuilerie avec ce régiment. (*La Défense de Paris*, t. I, page 32.)

Nous le répétons : A quelle troupe pouvaient bien appartenir ces nuées de tirailleurs ?

Insinuer à la légère qu'après la prise de la Tuilerie, alors que le général en chef était présent sur les lieux, nous avons pu envahir en force le bois de Verrières sans qu'on ait profité d'un tel succès pour pousser immédiatement en avant toute la division d'Hugues, c'est vouloir relever dans la conduite des opérations une faute grave qui n'a pas été commise, et il ne suffit pas de se baser sans la discuter et sans la contrôler sur une assertion aussi intéressée qu'inexacte du récit de l'état-major allemand.

D'ailleurs, l'auteur de cette insinuation, qui a grand mal à se retrouver au milieu des incidents multiples du combat et qui ne peut en reconstituer l'enchaînement logique, se réfute lui-même quand il écrit que, postérieurement à l'incident dont nous nous occupons, « le 19e de ligne (il devrait dire de marche) aborde crânement l'extrémité nord-ouest du bois de Verrières. »

Nous ne comprenons pas qu'on ait à aborder crânement un bois qu'on « remplit de ses tirailleurs » depuis longtemps, et, puisqu'on était en frais d'imagination, il fallait au moins inventer une évacuation préalable du bois de Verrières par nos nuées de tirailleurs; mais on n'y a pas songé.

Donc, à la suite de la prise de la Tuilerie, il ne fut pas poussé plus loin : Petit-Bicêtre était sérieusement occupé, et l'on ne pouvait l'attaquer sans le faire canonner préalablement ; les deux batteries du groupe de droite, commandant Villatte, s'établissent en avant de la Pointe-de-Trivaux et ouvrent le feu sur Petit-Bicêtre, à 1000 mètres environ.

Une batterie ennemie postée à l'ouest de cette localité répond à nos pièces.

Le général Ducrot donne aussitôt l'ordre au 2e groupe (commandant Varnesson) de se porter à droite du premier. Nos vingt pièces (le groupe Villatte n'en compte que 8) font converger leurs feux sur la batterie prussienne, qui gagne le ravin qui mène à la Bièvre, où elle se reforme après des pertes sérieuses (3 pièces hors de service, le commandant de la batterie et 10 hommes grièvement blessés, 12 chevaux tués et plusieurs blessés).

Nos batteries peuvent alors reprendre pour objectif Petit-Bicêtre et préparer l'attaque de la division d'Hugues.

Vers 7 heures, les défenseurs de Petit-Bicêtre sont appuyés par une batterie qui, venant de Montclain, se place à leur gauche; deux autres batteries la renforcent successivement : d'abord la première engagée qui est allée se reformer dans le ravin, et que son lieutenant ramène après l'avoir réorganisée; enfin, une batterie bavaroise venant de Bièvre.

Mais le dispositif de marche tactique adopté par le général Ducrot lui permet de déployer sans retard toutes nos batteries (sauf 2, faute de place) à gauche des précédentes, jusqu'à la route de Versailles. Nous avons donc en ligne, de cette route à la Pointe-de-Trivaux, 56 bouches à feu qui ne doivent pas tarder à réduire au silence les pièces allemandes et contraignent le 47ᵉ prussien à évacuer Petit-Bicêtre incendié par nos projectiles.

Néanmoins, une compagnie, lieutenant de Treskow, reste embusquée le long des fossés de la route, en avant de la face est de la ferme, d'où elle contribuera puissamment tout à l'heure à arrêter l'offensive du 1ᵉʳ bataillon du 19ᵉ de marche.

C'est ainsi qu'il faut agir, aujourd'hui plus que jamais avec les nouveaux projectiles d'artillerie ; il faut se poster aux abords des localités canonnées et non dans ces localités.

Sous la protection de nos pièces, le 19ᵉ de marche, de la division d'Hugues, se porte en avant ; mais devant une vive fusillade, qui part de la lisière du bois de Verrières où sont bel et bien les Allemands et non pas nos nuées de tirailleurs, le 1ᵉʳ bataillon s'arrête et hésite.

Le général Ducrot ordonne alors de battre la charge et d'enlever Petit-Bicêtre ; maître de ce hameau on aura pied dans le bois de Verrières, et force sera aux tirailleurs allemands d'en évacuer la lisière sous peine d'être coupés.

En exécution des ordres du général en chef, le 1ᵉʳ bataillon du 19ᵉ, commandant Collio, reprend sa marche, dépasse la Tuilerie avec les francs-tireurs de la division, pendant que les 2ᵉ et 3ᵉ bataillons restent en réserve à hauteur du Pavé-Blanc, occupé par les mobiles de la Seine.

Nos troupes appuient à gauche pour ne pas masquer le feu de nos batteries.

Avant d'arriver au bouquet de bois qui précède la route de Petit-Bicêtre à Malabry, le commandant Collio déploie deux de ses compagnies en tirailleurs, à 500 mètres environ de l'ennemi ; mais la lisière du bois de Verrières et le côté sud de la route sont fortement occupés par les Allemands, et pour surmonter leur résistance, les 2ᵉ et 3ᵉ bataillons du 19ᵉ rejoignent le 1ᵉʳ.

Les batteries ennemies tirent à mitraille sur notre infanterie, et le désordre se met dans notre ligne, principalement au 3ᵉ bataillon du 19ᵉ. Néanmoins, grâce à l'énergie et à l'exemple des officiers, le 1ᵉʳ et le 2ᵉ bataillons se reportent en avant, et quelques compagnies gagnant vers l'est cherchent à déborder la droite prussienne pendant qu'une compagnie du 1ᵉʳ bataillon, capitaine Barret, pousse jusqu'à 300 mètres de Petit-Bicêtre, à moins de 100 mètres de la ligne ennemie. Malgré des pertes considérables elle s'y maintient, grâce au dévouement de son chef, et bien qu'elle ait affaire à plusieurs compagnies du 47e prussien. Le commandant Collio s'apprêtait à la faire renforcer quand on vint le prévenir que la gauche avait reculé et qu'il allait être tourné.

La retraite se fit avec trop de précipitation, et la compagnie Barret abandonnée fut faite tout entière prisonnière, après avoir eu presque tous ses hommes tués ou blessés.

Examinons quelle avait été la cause de ce regrettable incident.

Les compagnies que nous avons vues chercher à tourner la droite allemande avaient été arrêtées par la fusillade terrible qui partait du bois de Verrières.

Malgré tout, quelques groupes avaient franchi la route de Malabry et pénétré dans le taillis, où ils se soutenaient contre des fractions du régiment prussien n° 47. Mais à ce moment, les Prussiens étaient renforcés par le 3e bataillon de chasseurs bavarois (lieutenant-colonel de Horn), qui marchait en tête de la colonne débouchant par Igny, où elle s'était croisée avec les fractions du Ve corps prussien en marche de Massy sur Montclain.

Nos soldats sont refoulés et exposés au feu partant de toute la lisière du bois ; presque tous sont tués ou blessés.

L'ennemi sort du bois et refoule notre gauche ; le mouvement de retraite se propage rapidement jusqu'au 1er bataillon, à droite, ce qui avait amené la perte de la compagnie Barret trop avancée.

Le commandant Collio blessé dirigeait la retraite quand une deuxième balle vint le mettre hors de combat ; mais il n'avait déjà plus que quelques hommes avec lui, et le régiment dans son mouvement rétrograde avait dépassé le Pavé-Blanc. Le 19e de marche avait perdu là, en moins d'une heure, 11 officiers, dont son chef, le lieutenant-colonel de Collasseau tué, et 241 hommes tués ou blessés.

L'ennemi, par des renforcements successifs était maintenant en mesure d'occuper solidement le bois de Verrières et Petit-Bicêtre avec les 14e et 15e régiments bavarois arrivés à la suite des chasseurs ; le 5e régiment de chevau-légers était à l'Abbaye-aux-Bois.

Pendant que le combat que nous venons de raconter se livrait à notre gauche, au centre la lutte circonscrite à un duel d'artillerie avait été vigoureusement soutenue.

Nos batteries formaient un vaste arc de cercle, depuis la pointe de Trivaux jusqu'à la route de Versailles.

Un instant, elles avaient réussi à éteindre le feu de l'artillerie ennemie; mais bientôt de nouvelles batteries allemandes étaient entrées en ligne depuis Petit-Bicêtre jusqu'à Villacoublay et, de plus, de nombreux tirailleurs ennemis faisaient éprouver à nos canonniers des pertes sensibles; en peu de temps, la batterie Bocquenet fut réduite à sept servants pour quatre pièces; mais l'entrain de nos braves artilleurs n'en fut pas ralenti et la lutte se poursuivit avec acharnement.

La cavalerie restée en position pour soutenir nos batteries se maintenait avec fermeté sous les obus prussiens.

Le combat se continuait donc sans faiblir quand le général en chef vint lui-même ordonner au général Boissonnet, commandant l'artillerie du 14º corps, de se retirer en échelons.

En même temps, il envoyait au général d'Hugues l'ordre de regagner les emplacements du matin, ordre qui parvenait au destinataire au moment où le 19º de marche battant en retraite arrivait à hauteur du Pavé-Blanc.

Ces ordres étaient motivés par des incidents des plus graves, survenus à la division de Caussade, qui formait la droite, incidents qui dépassaient toutes les prévisions.

Nous avons vu le général en chef ordonnant l'attaque de Petit-Bicêtre et du bois de Verrières. Ayant ainsi orienté la division d'Hugues et lui ayant tracé la voie, voyant, en outre, son artillerie au centre dominer le feu de l'artillerie ennemie, le général Ducrot s'était porté au galop vers la droite, à la division de Caussade, qui lui semblait ne pas avancer et qui avait évidemment besoin d'impulsion.

Il importait, d'ailleurs, de surveiller très attentivement ce côté de notre ligne; car, si l'ennemi réussissait à nous y refouler et à gagner le bois de Meudon, la retraite de notre artillerie et de la division d'Hugues pouvait être gravement compromise, surtout si une panique, toujours à craindre avec des troupes jeunes et impressionnables, venait à se produire.

Arrivé à la colonne de droite qui, en effet, était stationnaire, le général Ducrot prescrivit au général de Caussade de faire enlever par un bataillon La Garenne-de-Villacoublay occupée par un avant-poste prussien.

Le 1er bataillon du 17e se porte immédiatement en avant, se déploie et engage le feu avec les tirailleurs ennemis postés à la lisière du bois.

A ce moment même, « des cris affreux se font entendre sur la droite ; ce sont les zouaves qui, non loin de la ferme de Trivaux, ont été effrayés par quelques obus tombés à proximité et s'enfuient en poussant de véritables hurlements ! » La plupart de ces hommes étaient des engagés volontaires récemment incorporés.

Cette panique peut gagner de proche en proche jusqu'à la gauche ; il importe donc au plus haut degré de l'enrayer immédiatement. Le général Ducrot et son état-major accourent au galop au milieu de cette cohue ; on barre la route aux fuyards, on les reforme et on réussit même à les ramener en avant ; mais ils ont à peine parcouru cent pas qu'à la vue de nouveaux obus, dont un blesse cinq d'entre eux, affolés, éperdus, ils s'enfuient à toutes jambes à travers bois et se sauvent jusqu'à Paris, où ils crient qu'on les a trahis. Un certain nombre, 300 environ, anciens soldats, sont ralliés par les officiers à la grille de Meudon ; un autre groupe rassemblé par le capitaine Jacquot prend position dans le bois de Clamart.

Néanmoins, la division de Caussade gagne du terrain entre Villacoublay et Dame-Rose ; les deux autres bataillons du 17e se déploient en arrière du premier pour l'appuyer ; le 18e de marche, déployé à leur droite, appuie son flanc droit au bois de Meudon ; le 16e reste en réserve à la ferme de Trivaux.

Mais la panique des zouaves a vivement impressionné ces régiments de nouvelle formation ; le 1er bataillon du 17e, qui s'est avancé jusqu'à la lisière du bois de La Garenne se replie précipitamment, avant que les deux autres bataillons qui se portaient en avant pour l'appuyer aient eu le temps de le renforcer.

A ce moment même les tirailleurs du régiment de grenadiers du roi et du bataillon de chasseurs n° 5 gagnent le terrain compris entre Dame-Rose et le bois de La Garenne ; ils sont appuyés par deux batteries établies à l'angle de ce bois, et prononcent un mouvement tournant contre notre droite.

— 33 —

Les obus mettent du désordre dans nos rangs ; l'infanterie ennemie en profite pour pousser de l'avant ; nos tirailleurs lâchent pied et se rejettent sur notre deuxième ligne où ils mettent la confusion.

Le général en chef accourt au milieu de cette troupe effarée, la reforme, l'encourage ; mais il était évident dès lors que toute action offensive devenait impossible. L'ennemi gagnait du terrain à l'ouest, menaçant de tourner notre droite. Il n'y avait donc qu'à se replier. C'était le seul parti à prendre ; aussi le général Ducrot ordonne-t-il au général de Caussade de regagner ses emplacements du matin ; c'est alors qu'il porte l'ordre de retraite à l'artillerie et qu'il l'envoie à la division d'Hugues.

Au moment où le général de Caussade avait, sur l'ordre du général en chef, porté le 1er bataillon du 17e sur La Garenne, quelle était la situation des Allemands ?

D'après la relation allemande, le général de Sandrart avait dirigé de Montclain sur Villacoublay le régiment de grenadiers du roi, nº 7, le 5e bataillon de chasseurs, deux escadrons de dragons et deux batteries lourdes de la 9e division, lesquelles prenaient position des deux côtés de Villacoublay, tandis que le régiment de grenadiers s'étendait jusque dans la partie ouest du bois de Meudon.

La 17e brigade était en réserve auprès de Montclain, prête à donner son appui, s'il en était besoin[1].

Or, nous lisons dans le dernier récit publié sur Châtillon :

« L'affaire est donc bien engagée..... ; malheureusement, le

---

[1] La 17e brigade avait cantonné, la nuit du 18 au 19, à Massy et à Verrières ; d'après la relation allemande, elle arrivait, vers 7 heures, aux abords d'Igny, où elle se croisait avec la 6e brigade bavaroise, venant de Longjumeau. Si l'on regarde la carte, cet entrecroisement de colonnes, qui n'était que la conséquence d'ordres de mouvements défectueux et qu'il eût été facile d'éviter, n'a pu avoir lieu qu'à l'intersection de la route de Longjumeau à Versailles, par Bièvre, avec les chemins qui mènent respectivement de Massy et de Verrières à cette même route, le premier en passant par Villaine, le second par Amblainvilliers. Il en résulte que la 17e brigade, qui ne se trouvait qu'à 7 heures à ces embranchements, n'avait pas encore quitté ses cantonnements de Massy et de Verrières au moment où le 14e corps français commençait son attaque contre la 18e brigade, dont elle était distante d'environ 9 kilomètres, et qu'elle ne pouvait, par conséquent, appuyer en temps voulu, si l'état des troupes françaises, pourtant bien supérieures en nombre, avait permis, dès le début, de pousser à fond l'action engagée, sans hésitation ni perte de temps.

général Ducrot ne fait pas soutenir l'avant-garde [1] de la division de Caussade, composée d'un bataillon du 17e de ligne [2]. Au moment où ce bataillon va s'emparer de La Garenne, le restant de la division ne quitte pas la lisière du bois de Meudon, où les balles prussiennes nous refoulent chaque fois que nous tentons de marcher en avant ; ce qui ne serait pas arrivé, si le général Ducrot avait fait filer sur la gauche de l'ennemi, par Dame-Rose, un régiment de la brigade de Bernis escortant une ou deux batteries. »

Et, tout fier de cette heureuse combinaison qu'il vient de trouver, l'auteur continue : « Se sentant ainsi menacés, les Prussiens n'auraient tenu ni à La Garenne, ni à Villacoublay », et il achève en disant : « Mais le général en chef préférait entasser ses canons les uns sur les autres entre Trivaux et le Pavé-Blanc. . . . . . .
. . . .

« De plus, pourquoi la division de Maussion reste-t-elle immobile à Bagneux ? Cette attitude va permettre au IIe corps bavarois, libre de préoccupation du côté de Bourg-la-Reine, de se porter tout entier sur le lieu du combat, et d'écraser nos jeunes troupes qui se battent devant Petit-Bicêtre. »

Il suffit de jeter les yeux sur la carte pour se convaincre de l'impossibilité absolue qu'il y avait de faire filer sur la gauche ennemie une ou deux batteries auxquelles la cavalerie n'eût fourni qu'une mince protection contre une fusillade *à bonne portée*. Exposées à courte distance, dans un mouvement de flanc qui n'aurait même pu s'achever, au feu du régiment de grenadiers et des deux batteries lourdes de la 9e division, elles n'eussent même pu irer un seul coup de canon ; il leur eût fallu se dérober au plus vite par le bois de Meudon, sous peine d'être entièrement détruites avec leur escorte.

Loin de pouvoir menacer la gauche ennemie, notre droite s'était trouvée, au contraire, débordée *dès le début du mouvement, par la disparition du régiment de zouaves qui, dans l'ordre du général Ducrot, devait marcher sur Dame-Rose et de là sur*

---

[1] Terme impropre ; une division engagée, qui a pris son ordre de combat, n'a pas d'avant-garde ; cette appellation est spéciale aux troupes en marche.
[2] Il faudrait dire : *de marche*.

Vélizy, précisément pour couvrir notre extrême droite, en échelon débordant.

Ceci résulte en outre de la lecture de la relation allemande, page 67, parfaitement en concordance avec les rapports français, et dans laquelle on lit : « A l'aile droite française, le 17e et le 18e régiments de marche, de la division de Caussade, s'étaient déployés *au sud* du bois de Meudon ; le 16e demeurait comme réserve au débouché de la large allée du parc ; mais criblées d'une grêle de balles dans leur mouvement *contre le bois de la Garenne*, et sérieusement menacées *en même temps* sur leur flanc droit, ces jeunes troupes hésitent, puis reculent, et l'intervention personnelle du général Ducrot est elle-même impuissante à les ramener en avant. »

Où a-t-on pu prendre que pendant la marche du 1er bataillon du 17e, le restant de la division de Caussade n'avait pas quitté la lisière du bois de Meudon ?

La ferme de Trivaux derrière laquelle le 16e de marche est resté en réserve, est à plus de 100 mètres au sud de la lisière du bois ; puisque deux bataillons du 17e et le 18e ont dépassé cette réserve, il faut donc bien qu'ils aient quitté la lisière. D'ailleurs, il tombe sous le sens que s'ils y étaient restés, leur droite n'eût pas été menacée par le régiment de grenadiers, dont le mouvement dans la partie ouest du bois de Meudon avait été arrêté à hauteur de Dame-Rose.

Les rapports français et l'extrait de la relation allemande cité plus haut s'accordent parfaitement et conduisent aux mêmes conclusions.

Enfin, nous avons vu que c'était au moment où elle allait renforcer la première ligne, que la 2e ligne de la division de Caussade avait été ramenée en arrière par la retraite de celle-ci.

On voit donc combien peu est fondé le reproche adressé au général Ducrot de n'avoir pas fait soutenir l'avant-garde (?) de la division de Caussade.

En outre, dans la version que nous réfutons, la panique des zouaves et l'attaque de Villacoublay sont présentées comme deux incidents du combat sans relation entre eux, alors qu'en réalité ils se sont produits simultanément, à peu de distance l'un de l'autre, et que le premier a eu une influence considérable sur le second.

Car, il ne faut pas l'oublier, au moment où le 1er bataillon du 17e de marche engage son feu avec les tirailleurs prussiens postés à la lisière du bois de La Garenne, à ce moment précis, avant qu'il y ait lieu de le faire renforcer, le général Ducrot n'est plus là ; il a dû se porter en toute hâte vers le régiment de zouaves dont on entend les hurlements, et qui est en pleine débâcle, débâcle qui peut se généraliser et qu'il faut arrêter à tout prix.

Quand il revient devant La Garenne, il ne s'agit plus de renforcer ; le 1er bataillon du 17e s'est replié avant d'attendre des renforts qui allaient vers lui et qu'il entraîne dans sa retraite ; devant l'attitude des troupes, il faut renoncer à tout mouvement offensif et regagner les positions du matin.

Une fois de plus, le reproche adressé au général Ducrot est sans fondement ; d'ailleurs, il commande en chef : il a donné l'ordre à un commandant de division de s'emparer d'un objectif défini ; ce commandant de division a ses régiments en main ; le général en chef, dont la présence est réclamée impérieusement sur un autre point, peut s'éloigner sans se préoccuper de questions de renforcement qui dépendent de la marche du combat et sont du ressort du colonel dont le 1er bataillon est engagé, et qui a les deux autres en réserve à moins de 400 mètres en arrière.

Il faut se faire une idée bien singulière du commandement en chef pour croire qu'il consiste à intervenir dans de telles questions de détail. Sans doute, avec les troupes qui composaient le 14e corps, le général Ducrot intervint dans la direction du combat, faisant en quelque sorte l'office de propulseur, plus qu'il n'eût voulu le faire et plus qu'il ne l'eût fait avec d'autres éléments. Mais cela n'autorise pas la critique à faire remonter jusqu'à lui la responsabilité de fautes de détail que l'on peut relever dans la conduite d'un bataillon ou d'un régiment, si tant est qu'elles se sont produites.

Venons maintenant à la critique dirigée contre le général en chef d'avoir « entassé ses canons les uns sur les autres entre Trivaux et le Pavé-Blanc ». N'en déplaise à son auteur, il n'y avait pas de meilleur emploi à en faire : cette action de l'artillerie en masse, les Allemands l'ont pratiquée depuis le commencement de la guerre : à Wœrth, à Rezonville, à Saint-Privat, etc...

Nous, nous avons oublié cet enseignement des guerres napoléoniennes ; pour la première fois depuis le commencement de la guerre, si l'on excepte la batterie de 54 pièces réunie par le général Bourbaki le soir du 16 août, nous voyons l'artillerie française agir par masse, concentrer ses feux et, grâce à cette tactique, tenir tête à l'artillerie allemande et même la dominer.

Nous n'insisterons donc pas sur l'excellence de cet emploi judicieux de l'artillerie, qui fait, au contraire, le plus grand honneur au chef qui l'a ordonné à une époque où nos ennemis seuls étaient à le pratiquer. De fait, dès 1870, le général Ducrot opérait en conformité des méthodes aujourd'hui admises, supprimant l'échelon d'artillerie de réserve et engageant tous ses canons dès le début et ensemble, au lieu de les faire écraser successivement et en détail.

Quant à la division de Maussion « immobile à Bagneux », encore une fois, tous les événements que nous avons retracés se sont écoulés en moins d'une heure et demie : il en résulte, jusqu'à l'évidence, que l'offensive est impossible avec de telles troupes ; leur faiblesse est telle qu'on ne la pouvait soupçonner. On vient de constater l'impuissance de la division d'Hugues contre Petit-Bicêtre et de la division de Caussade contre La Garenne, malgré l'appui de 60 pièces, et cela contre de simples avant-postes. Et c'est alors qu'on enverrait à la division de Maussion l'ordre d'attaquer quoi ? Bourg-la-Reine, Sceaux, c'est-à-dire des obstacles insurmontables pour nos jeunes troupes et hors de proportion avec leur effectif et leur qualité. La division de Maussion ayant détaché un régiment à la redoute de Châtillon et un bataillon à Fontenay ne comptait plus que 8 bataillons.

N'oublions pas qu'à 8 heures du matin, heure à laquelle eût pu se produire cette offensive, la 5ᵉ brigade bavaroise était déployée au sud-est de Chatenay ; que la 4ᵉ division bavaroise, avec l'artillerie de réserve, débouchait en arrière entre Antony et La Croix-de-Berny.

Sceaux était déjà occupé par le 6ᵉ régiment ne précédant que de très peu la 5ᵉ brigade.

Le sort d'une attaque des 8 bataillons de la division de Maussion dans de telles conditions était facile à prévoir ; elle eût été refoulée en désordre, débordée sur sa gauche, et il eût suffi ensuite d'une seule brigade allemande pour l'observer et la tenir en respect, bien heureux si l'ennemi profitant du désordre de notre retraite n'avait pas réussi, en poursuivant nos troupes, à s'emparer de Bagneux et de Fontenay, positions devant lesquelles il s'immobilisa, au contraire, toute la journée et qu'il n'osa aborder que fort tard, quand elles furent évacuées.

Car, il est *entièrement faux* que « le IIe corps bavarois, libre de préoccupations du côté de Bourg-la-Reine, se soit porté en entier sur le lieu du combat pour y écraser nos jeunes troupes devant Petit-Bicêtre. »

Celui qui a écrit ces lignes a rêvé.

La 4e division bavaroise (7e et 8e brigades) n'a pas quitté Bourg-la-Reine et Chatenay, pas plus que la réserve d'artillerie, la 7e brigade s'étant bornée à étendre sa gauche jusqu'à Fontenay, *après notre retraite*. (État-major allemand, 10e livraison, page 76.)

En résumé, le général Ducrot fit sagement en ne prescrivant pas à la division de Maussion une offensive qui eût été désastreuse pour elle, et dont le seul résultat eût été de découvrir notre gauche. La vérité est qu'à cette heure il n'y avait pas de combinaison tactique, fût-elle excellente, et ce n'est pas le cas de celles que nous venons de discuter, qui pût pratiquement réussir ; l'instrument d'exécution manquait, on venait d'en faire la douloureuse constatation, et rien ne pouvait relever le moral de nos jeunes troupes pour les mettre à même de continuer leurs attaques.

2e Partie. — La retraite.

Le mouvement de retraite allait pouvoir s'exécuter sans trop de trouble, grâce à la prévoyance du général en chef, qui avait placé le 15e de marche au Plessis-Piquet.

Nous devons les détails que nous allons donner sur l'installation de ce régiment, comme ceux que nous donnerons ensuite sur le combat qu'il eut à soutenir, à la bienveillance de M. le général de division Bonnet qui, le 19 septembre 1870, commandait le 15e de marche en qualité de lieutenant-colonel.

Le général Ducrot, connaissant de longue date le colonel Bonnet, fut heureux de le rencontrer le 17 au soir à une réunion à laquelle il avait convoqué les généraux et chefs de corps du 14e corps d'armée.

Il lui avait immédiatement prescrit de se joindre à lui pour la reconnaissance qu'il comptait faire le lendemain 18, dès le jour.

Dans sa pensée déjà, il le destinait à jouer un rôle spécial.

Lorsque la reconnaissance, partie à 5 heures du fort d'Issy, fut arrivée au Plessis-Moulin, le général Ducrot fit mettre pied à terre à tous et, faisant face en arrière, il demanda au colonel Bonnet, en lui montrant Le Plessis-Piquet et le parc Hachette, ce qu'il pensait de cette position, si l'on pouvait s'y défendre.

Le colonel ayant répondu très affirmativement, le général reprit : « Eh bien, allez reprendre votre régiment ; j'y joins les chasseurs à pied en formation ; amenez votre troupe au Plessis-Piquet. » Et après avoir donné les indications nécessaires sur le front, les flancs et la ligne de retraite, il ajouta : « Avec les troupes que nous avons, qui sont susceptibles d'élan, mais qui manquent d'expérience et de solidité, une débâcle est toujours à craindre ; suivant les fluctuations du combat, votre position du Plessis-Piquet me servira dans toutes les éventualités ; vous y tiendrez jusqu'à ce que vous receviez un ordre écrit de moi de l'évacuer. »

Quelques heures après, le 15ᵉ de marche s'installait sur les positions à lui confiées.

Un poste avancé (une compagnie et demie de chasseurs, capitaine Battisti, et une section du 15ᵉ de marche) occupait le Moulin-Plessis.

Un vaste enclos situé au sud du village, et qui est séparé du parc Hachette par une rue qui descend au Plessis-Piquet, est occupé par le 1ᵉʳ bataillon (commandant Angamarre). La rue séparant le parc et l'enclos est fermée par une forte barricade.

Le parc Hachette est occupé par le 2ᵉ bataillon (commandant Lourde-Laplace).

Le 3ᵉ bataillon, commandant Gravis, est en réserve ; il assure la garde de la porte et des brèches du parc.

On a barricadé les rues du village, percé des créneaux, organisé des banquettes pour avoir deux étages de feux.

Le général en chef revient le 18 au soir au Plessis-Piquet, examine l'organisation défensive du village et quitte le colonel Bonnet en lui souhaitant bonne chance pour le lendemain.

Si nous avons autant insisté sur cette prise de possession du Plessis-Piquet, c'est en vue de la suite du récit et pour établir une base d'où nous partirons plus tard pour démontrer qu'il était impossible que le général en chef oubliât le 15ᵉ de marche, comme l'on n'a pas craint de l'affirmer.

Au moment où l'ordre de retraite fut donné, le capitaine de Néverlée, officier d'ordonnance du général en chef, fut chargé de faire parvenir au colonel Bonnet l'ordre « de se maintenir le plus longtemps possible et de ne se replier, en passant par le ravin du Télégraphe, que lorsqu'il aurait été dépassé par toutes les troupes engagées sur le plateau. »

Cet ordre était la confirmation de ceux donnés la veille, avec une modification importante toutefois, puisqu'il indiquait le moment précis où la retraite du 15ᵉ de marche devait commencer.

Malheureusement, cet ordre ne parvint pas au colonel Bonnet. Comment ? C'est ce qui n'a jamais été expliqué.

Nous reviendrons plus loin et tout au long sur cet incident quand nous aurons à parler de la résistance du 15ᵉ de marche au Plessis-Piquet.

Pour le moment, bornons-nous à constater l'utilité de la position assignée par le général en chef à ce régiment.

La division d'Hugues, en effet, ainsi protégée, put se replier par le plateau en toute sécurité, entre les pentes du Plessis-Piquet et la route de Versailles, couverte en arrière par des tirailleurs, le général Renault, qui marchait avec cette division, se tenant au dernier échelon.

La division de Caussade exécute son mouvement par les bois de Meudon et de Clamart, un certain nombre de bataillons côtoyant la lisière.

Au centre, l'artillerie exécute sa retraite en échelons par la droite, les batteries restées en avant continuant le feu.

Nos batteries se retirent au pas et prennent quatre positions successives, soutenues par nos escadrons, qui font bonne contenance ; grâce au calme qui préside à ce mouvement, il n'y eut pas de perte de matériel et l'ennemi fut contenu ; l'infanterie allemande n'osa dépasser la lisière des bois.

Dans l'échelon de droite, le franchissement du fossé qui va de la ferme de Trivaux au Plessis-Piquet devant se faire sur un seul point comblé par les débris d'un petit pont, il y eut un moment de confusion et une perte de temps ; l'infanterie ennemie, sortant alors des bois, menaça nos pièces. Mais le général en chef accourut, la fit charger, et elle retourna précipitamment d'où elle venait.

La retraite avait duré environ une heure ; elle n'avait guère été inquiétée que par l'artillerie ennemie tirant à grande portée.

Vers dix heures, au moment où nos troupes arrivaient à Châtillon, les Allemands avaient environ 60 pièces en batterie du bois de Trivaux au Pavé-Blanc.

Presque tout le V⁰ corps prussien se trouvait sur le plateau, derrière Villacoublay et vers Bièvre, Petit-Bicêtre et Trivaux.

Le régiment de grenadiers du roi, le bataillon de chasseurs nº 5 et le 2ᵉ bataillon du régiment nº 47, arrivés à travers bois, étaient parvenus près du parc de Chalais, où ils avaient capturé des zouaves débandés.

Au IIᵉ corps bavarois, une division était entre Petit-Bicêtre et Moulin-Plessis ; le reste du corps d'armée à Sceaux et Bourg-la-Reine.

3ᵉ partie. — La défensive.

Dispositions de défense.

Le général Ducrot, après avoir reconnu qu'avec de telles troupes, *impressionnables au delà de tout ce que l'on avait pu imaginer*, il fallait renoncer à toute offensive, avait pris le parti de défendre énergiquement la redoute de Châtillon et les positions de Clamart et de Bagneux.

Somme toute, nos pertes étaient peu considérables, et la vue des ouvrages de fortification allait relever, on était en droit de l'espérer du moins, le moral de nos jeunes soldats.

Arrivé vers dix heures à la redoute de Châtillon, le général en chef, après avoir renvoyé dans Paris la cavalerie devenue inutile et même gênante, fit ajouter 3 mitrailleuses aux 8 pièces de l'ouvrage.

Par ses ordres, 2 batteries furent placées derrière les épaulements de droite, surveillant les débouchés des bois de Clamart et de Meudon ; on y joignit les quelques pièces que l'on put réorganiser des deux batteries à cheval si maltraitées sur le plateau.

Une batterie de 4 fut établie derrière un épaulement creusé sur le glacis, en avant de l'angle d'épaule de droite de la redoute.

En dehors de ces 24 pièces, le général Boissonnet place toute son artillerie plus à l'est sur l'éperon du télégraphe, qui reçoit 32 pièces abritées par les épaulements construits la veille.

De l'éperon du télégraphe on battait admirablement toute la vallée de Sceaux, sur laquelle on croisait ses feux avec ceux des batteries du commandant de Miribel postées sur l'éperon de Bagneux, et l'on interdisait à l'ennemi tout mouvement tournant de ce côté.

Le 26e de marche, de la division de Maussion, occupait la redoute et ses abords; le 1er bataillon sur la droite, servant de soutien aux batteries dominant Clamart et détachant une compagnie au cimetière à 200 mètres en avant de la redoute, sur la route de Versailles.

Le 2e bataillon dans la redoute, avec une compagnie de mobiles, et 50 hommes du 22e de marche.

Sur la gauche, dans des tranchées tracées sur les pentes au-dessous du télégraphe, le 3e bataillon protégeant nos batteries de l'éperon, *et assurant la liaison avec le 15e de marche établi au Plessis-Piquet*, empêchant ainsi l'ennemi, concurremment avec le feu de nos pièces, de couper ce régiment par Sceaux et les pentes Robinson.

Émotionné par les obus qui, venant de Trivaux et des abords de Sceaux, se croisaient à l'extrémité du plateau, la division d'Hugues s'était précipitée en désordre sur les pentes de Châtillon et de Bagneux; néanmoins, le général Paturel, commandant la 2e brigade, avait réussi à maintenir le 21e de marche et une fraction du 22e. Ces deux régiments avaient été abrités dans un pli de terrain allant du télégraphe à Fontenay-aux-Roses.

A l'extrême gauche, la division de Maussion, que le général en chef avait eu la sagesse de ne pas pousser sur Sceaux, était toujours à Bagneux avec un bataillon à Fontenay, les batteries divisionnaires (commandant de Miribel) abritées par des épaulements construits sur l'éperon au sud de Bagneux.

La division de Caussade avait repris ses sacs et avait descendu les pentes; elle devait se reformer à l'abri des projectiles et occuper Clamart, mis rapidement en état de défense, couvrant ainsi notre droite.

Derrière cette ligne, les forts d'Issy, de Vanves et de Montrouge devaient, en cas d'échec, empêcher l'ennemi de nous poursuivre; en outre, Issy et Montrouge flanquaient nos deux ailes.

Il n'était donc pas téméraire, de la part du général en chef, d'espérer se maintenir sur ces positions si importantes assez longtemps pour attendre l'arrivée de renforts demandés au gouverneur, si celui-ci, devant la gravité de la situation, se décidait enfin à porter le 13ᵉ corps à Meudon.

Duel d'artillerie.

Sitôt les mouvements de retraite effectués, les 8 pièces de 12 de la redoute ouvrirent le feu à une distance d'environ 2,000 mètres ; ce feu retarda beaucoup la formation et l'approche des lignes allemandes sur le plateau ; vers midi, l'artillerie prussienne, maintenue à distance et croyant avoir affaire à des pièces de gros calibre (*Relation de l'état-major allemand*, page 68). cessa son feu.

En même temps, notre artillerie du télégraphe n'avait pas de peine à réduire au silence les batteries allemandes établies sur les hauteurs de Sceaux ; celles-ci durent se reculer en dehors de la portée de nos mitrailleuses.

Peu à peu, l'ennemi renforça ses batteries et reprit le feu. Malgré tout, son tir convergent, bien qu'exactement réglé, nous fit peu de mal ; en avant de nos ouvrages, la raideur des pentes du plateau était telle que les coups trop courts y fichaient sans ricocher ; les coups trop longs tombaient entre le télégraphe et la redoute, là où il n'y avait personne, et, le tir venant de bas en haut, les coups les plus justes, rasant la crête de nos épaulements, allaient éclater à quelque distance en arrière.

Pendant cet engagement d'artillerie le général en chef, pensant que si la retraite s'imposait il fallait qu'elle se fît dans des conditions arrêtées à l'avance, afin d'éviter le désordre et l'encombrement, dictait à son chef d'état-major, général Appert, l'ordre suivant :

« Ordre :

« Dans le cas où nous serions obligés d'évacuer la position de Châtillon, la retraite se ferait avec autant d'ordre que possible, en se couvrant par des masses de tirailleurs défendant les maisons et tous les obstacles pied à pied.

« La 1ʳᵉ division irait se placer en arrière du fort d'Issy ; la 2ᵉ, en arrière du fort de Vanves; la 3ᵉ, en arrière du fort de Montrouge; les réserves d'artillerie dans l'intervalle, entre les forts de Vanves et de Montrouge.

« Après l'évacuation complète de la redoute de Châtillon, si l'on était forcé de rentrer dans Paris, la 1ʳᵉ division rentrerait par le village d'Issy et les portes qui y donnent accès; la 2ᵉ division et l'artillerie de réserve, par la porte de Châtillon et celle du chemin de fer; la 3ᵉ division, par la porte de Montrouge. *Ce mouvement ne s'exécutera que sur un ordre précis du général en chef.*

« Au quartier général de Châtillon, le 19 septembre 1870.

« *Par ordre :*

« Le général chef d'état-major général,

« *Signé :* APPERT. »

Abandon de Clamart sans combat par la division de Caussade.

Depuis sa retraite, la division de Caussade n'ayant pas été inquiétée par l'ennemi, n'ayant pas eu à soutenir de nouveaux engagements, avait dû, en exécution des ordres du général en chef, occuper Clamart, s'y retrancher, s'y réorganiser à l'abri des projectiles et y attendre les événements.

Aussi, quel ne fut pas l'étonnement de l'officier d'état-major envoyé pour communiquer au général de Caussade les instructions du général en chef, en trouvant Clamart évacué.

Cette nouvelle, rapportée au général Ducrot, ne trouve d'abord que l'incrédulité : comment admettre qu'une division eût abandonné, sans ordres et sans y être attaquée, une position qui lui a été assignée?

On envoie à Issy, à Clamart, à Californie; on n'y rencontre pas un homme de la division de Caussade.

Le doute n'est plus permis; cette division a dû rentrer dans Paris.

Notre droite n'est plus couverte que par quelques centaines de zouaves, maintenus à Meudon par le commandant Lévy et par le capitaine Jacquot; encore, le général en chef l'ignore-t-il.

Dans l'enquête qui eut lieu plus tard, le général de Caussade a déposé que « vers 11 heures, n'entendant plus le canon et voyant la route couverte de fuyards, il avait cru le plateau évacué, et que, craignant d'être enveloppé, il avait ramené sa division dans Paris. »

Ce sont là, évidemment, les motifs qui ont déterminé le chef de la 1re division à se retirer; mais comment ne lui est-il pas venu d'abord à l'idée d'envoyer voir à la lisière du bois, où il n'aurait jamais dû cesser d'avoir des postes d'observation. Il fallait pour cela quelques minutes, et on lui aurait appris que la redoute était toujours occupée, ainsi que ses abords, que le plateau n'était nullement abandonné, et que l'ennemi n'était même pas menaçant.

Puis, en admettant même le premier mouvement d'effarement, pourquoi ne pas s'arrêter derrière le fort d'Issy? Quel danger pouvait obliger le général de Caussade à pousser jusqu'en arrière de l'enceinte?

S'il eût limité son mouvement au fort d'Issy, on eût pu l'y retrouver et le reporter à temps à Clamart.

Croirait-on qu'on a essayé de faire remonter, en partie, la responsabilité de ce déplorable incident au général Ducrot, qui aurait négligé « de se tenir en communication constante avec le général de Caussade. »

Qu'est-ce que cela veut bien dire?

Quoi, le général en chef est à la redoute et la 1re division à Clamart, à moins de 4 kilomètre; elle n'est ni attaquée ni même menacée pour le moment, et, dans de telles conditions, le commandant en chef serait tenu de se préoccuper de l'éventualité d'une retraite de cette division dont le chef a reçu de lui-même l'ordre de tenir à Clamart!

Si le bruit du combat se fût fait entendre vers ce village, le général Ducrot s'y fût porté, on eût envoyé aux renseignements, comme il l'avait fait sur le plateau dans la matinée; mais tout est dans le calme; on n'entend pas un coup de feu; le général commandant la 1re division ne rend compte d'aucun incident. Dans ces conditions, nous le répétons, le général en chef qu'on a voulu nous représenter comme « trop distrait » n'avait aucune préoccupation à avoir du côté de sa droite, et, de la redoute où il parait au plus pressé, il n'y avait pas lieu de tenir avec elle des « communications constantes ».

Quand un corps opère à grande distance du commandant en

chef, celui-ci détache près du commandant de ce corps un officier de son état-major ; mais il n'y a nullement lieu d'agir ainsi pour des fractions placées sous la main et à très courte distance du général en chef ; aucun état-major n'y suffirait. Le 16 juin 1815, l'Empereur envoie au maréchal Ney, aux Quatre-Bras, son aide de camp, le comte de Flahault, avec ordre de demeurer toute la journée près du maréchal ; mais il n'a personne auprès des commandants des corps qui combattent à Ligny sous ses ordres directs.

Des événements comme la retraite de la division de Caussade sont en dehors de toutes les probabilités, et, quand ils se produisent, ils déroutent toutes les prévisions ; on n'est en droit de reprocher à personne de ne les pas avoir prévus.

Pendant que notre droite se retirait ainsi sans avoir combattu et sans prévenir personne, au centre, la division d'Hugues, chargée d'occuper le haut Châtillon et les pentes vers Fontenay-aux-Roses, très impressionnée par les obus, s'était sauvée en partie vers le fort de Montrouge. Mais le général d'Hugues, se mettant à la tête de ses soldats, les enleva par son exemple et leur fit réoccuper leurs positions.

Retraite de la division de Maussion.

A la gauche, survenait un incident tout aussi regrettable que la retraite de la division de Caussade.

Avant que le général en chef eût donné les ordres éventuels pour une retraite possible, le général Appert, chef d'état-major, avait cru devoir prendre sur lui de faire rétrograder la division de Maussion vers le fort de Montrouge et il avait envoyé à Bagneux le capitaine Fayet, porteur d'instructions dans ce sens.

Plus tard, quand le général en chef eut dicté l'ordre que nous avons reproduit plus haut, dans lequel il subordonnait le commencement du mouvement de retraite à un ordre précis émanant de lui-même, le général Appert ne songea pas à annuler les instructions qu'il avait fait porter au général de Maussion.

Un chef d'état-major n'a en rien qualité pour prescrire des mouvements à l'insu du général en chef ; s'il croit devoir le faire, sous l'empire de circonstances aussi imprévues qu'impérieuses, et ce n'était pas le cas, il doit lui en rendre compte immédiatement ; enfin, son devoir est d'envoyer un contre-ordre immédiat aussitôt qu'il a connaissance d'ordres du commandant en chef, seul responsable, indiquant des intentions contraires aux siennes.

Il faut bien reconnaître que, ce jour-là, l'effarement n'était pas seulement dans les troupes, et que le général Ducrot était étrangement secondé.

Tout ceci, d'ailleurs, est un exemple de plus de la nécessité d'une parfaite connaissance réciproque pouvant seule établir une entente et une harmonie complètes entre un commandant en chef et son chef d'état-major.

La veille encore, le général Appert était chef d'état-major du 14e corps, commandé par le général Renault, et l'initiative qu'il se trouvait peut-être obligé de prendre les jours précédents devenait inutile et même nuisible le 19 septembre.

Après avoir longuement hésité à évacuer les admirables positions sur lesquelles il n'était pas menacé, estimant d'abord qu'un ordre écrit était nécessaire pour légitimer un tel mouvement, le général de Maussion finit par s'y décider bien à regret et croyant exécuter un ordre du général en chef transmis par les soins de son chef d'état-major.

Il quitta donc Bagneux et les hauteurs de Bourg-la-Reine, et les batteries du commandant de Miribel se retirèrent de l'éperon.

A la nouvelle de cet incident tout aussi extraordinaire que la retraite de la division de Caussade, le général Ducrot donna, sans perdre un instant, l'ordre au général d'Hugues, de faire réoccuper immédiatement Fontenay-aux-Roses, pour couvrir sa gauche dégarnie et empêcher un mouvement tournant de ce côté.

Le 3e bataillon du 21e de marche gagne Fontenay où il s'installe. Le 2e bataillon de ce régiment reste sur les hauteurs du télégraphe, face à Sceaux, le 1er bataillon allant du télégraphe à la redoute.

Il était environ 1 heure 1/4 ou 1 heure 1/2.

Le 3e bataillon du 26e de marche demeurait déployé sur les pentes au-dessous de nos batteries du télégraphe, servant, comme nous l'avons vu, de liaison avec le 15e de marche toujours en position au Plessis-Piquet et au parc Hachette, et assurant la retraite de ce régiment auquel il servait de repli. (*Défense de Paris*, t. I, croquis XIII.)

Résistance du 15ᵉ de marche au Plessis-Piquet.

Nous avons exposé dans quelles intentions le général en chef avait placé le 15ᵉ de marche au Plessis-Piquet et les instructions données au colonel Bonnet.

Le 19 au matin, dès 6 heures, des tirailleurs allemands se présentent devant le parc Hachette; ils disparaissent après une courte fusillade.

A 8 heures, nouvelle attaque appuyée par du canon; mais l'ennemi très circonspect ne pousse pas de l'avant.

Vers midi, nous évacuons devant le 1ᵉʳ bataillon du 6ᵉ bavarois l'avant-poste de Plessis-Moulin que le feu de l'artillerie ennemie a rendu intenable.

En résumé, pendant toute la matinée, le combat s'était continué, mais mollement: *l'ennemi ne faisait pas d'efforts sérieux, ne dépassant pas la lisière du bois de Verrières et les bords du plateau.*

Vers midi 1/2, les 5ᵉ et 6ᵉ brigades bavaroises occupent le terrain du Petit-Bicêtre à Malabry; les Bavarois tentent une attaque plus sérieuse et s'avancent en grand nombre sur le plateau; criblés de balles, ils sont contraints de se replier en toute hâte, abandonnant leurs morts et leurs blessés.

L'artillerie bavaroise entre alors en action; une batterie se place au nord de Malabry; une autre s'avance du Pavé-Blanc jusqu'à 800 mètres du parc du Plessis-Piquet, protégée à gauche par 2 escadrons de chevau-légers; une 3ᵉ batterie prend position entre les deux premières, et 2 pièces restées à l'ouest de Châtenay appuient l'attaque d'infanterie par un feu d'écharpe que la *Relation allemande* qualifie de très efficace (?). Malgré le feu des défenseurs, le colonel de Treuberg amène par bonds successifs le 1ᵉʳ bataillon du 15ᵉ régiment et une compagnie du 14ᵉ jusqu'à 200 mètres du saillant sud-ouest du parc du Plessis-Piquet, pendant que le 2ᵉ bataillon du 14ᵉ, *couvert sur son flanc gauche dans la direction du bois de Meudon par 2 escadrons de chevau-légers*, s'embusque devant la face ouest du parc (*Relation allemande*, pages 72-73).

Le colonel Bonnet qui suit ou fait suivre ces mouvements et qui voit tout le plateau évacué et l'ennemi gagner du terrain sur sa droite, envoie le capitaine adjudant-major Tarigo vers le général en chef pour lui demander des ordres et lui rendre compte que les munitions s'épuisent.

Après une préparation par le feu d'environ une heure, le colonel Hœfler, s'apercevant que le feu des défenseurs du parc Hachette diminue, pousse en avant la droite de la ligne, s'empare du Château-Rouge (où il n'y a plus personne) et pénètre dans le parc que ses défenseurs viennent d'évacuer, car l'ordre de retraite apporté par le capitaine Tarigo vient d'arriver au 15e de marche.

L'artillerie bavaroise ayant fait brèche dans le mur du parc du Plessis-Piquet, les compagnies qui forment le centre de la ligne et qui ont suivi le mouvement de la droite en profitent pour y pénétrer à leur tour; la gauche des Bavarois tourne le village à l'ouest et gagne du terrain vers le nord, malgré le feu de notre artillerie de la redoute et du Télégraphe.

La batterie qui du Pavé-Blanc était venue se placer à 800 mètres du Plessis-Piquet, en profite pour se porter jusqu'au point dit : porte de Châtillon.

Mais ces mouvements offensifs sont de peu de durée ; en peu d'instants la batterie est obligée de rétrograder jusqu'à sa première position, après des pertes énormes, et l'infanterie suit son mouvement de retraite.

La lecture de la relation officielle allemande tend à faire croire que le parc Hachette et l'enclos ont été enlevés de haute lutte ; rien n'est plus faux; tant que le 15e de marche est resté sur ses positions, les Bavarois, maintenus en respect, n'ont pas osé les aborder et ils ne se sont portés en avant que lorsqu'elles furent évacuées par nos soldats ayant reçu l'ordre de battre en retraite. Le récit du colonel Bonnet que nous donnons plus loin ne laisse aucun doute à cet égard.

Le fait que les Allemands ne firent pas de prisonniers au 15e de marche est aussi une preuve que les défenses du Plessis-Piquet ne furent pas enlevées de vive force; toute personne un peu au courant des choses de la guerre sait que, dans ce cas, des hommes isolés et même des groupes seraient fatalement tombés aux mains de l'assaillant; or, le tableau des pertes du 15e de marche ne porte absolument personne dans la colonne « disparus » et, dans les rapports, il n'est pas question de prisonniers.

Y. K.

C'est donc par euphémisme que la version allemande prétend que le colonel Hœfler prononça son attaque « quand la vigueur de l'adversaire commença à faiblir; » elle aurait du dire : « quand l'adversaire se fut retiré. »

Le colonel Bonnet exécute sa retraite en échelons et défend la partie sud du village qui a été barricadée; d'ailleurs, les Bavarois ne sont pas pressants, et nulle part ils ne poussent de l'avant.

Chaque bataillon diminuant successivement son feu abandonne la position et s'écoule sous la protection d'une arrière-garde, avec laquelle marche le colonel Bonnet et qui maintient l'ennemi à distance ; le régiment arrive à la redoute vers 3 heures.

Cette résistance du 15ᵉ de marche avait rendu les plus grands services ; elle fait, dit le général Ducrot, « le plus grand honneur à ce régiment et à son digne chef » et forme un heureux contraste avec les défaillances qui se sont produites sur d'autres points du champ de bataille.

Mais, est-ce une raison pour exagérer les choses et prétendre, contre toute vraisemblance « que le 15ᵉ de marche tint tête à deux corps d'armée allemands et renouvela, dans des proportions plus extraordinaires, les prouesses du IIIᵉ corps prussien à Rezonville. » Malgré la disproportion des forces, a écrit l'auteur du récit auquel nous avons déjà fait allusion, le brave régiment français qui voit à moins de 500 mètres de lui toute une division ennemie et à moins d'un kilomètre les nombreuses batteries qui l'écrasent, sans compter l'autre division qui le menace du côté de Sceaux, ce brave régiment, disons-nous, n'éprouve pas la plus légère hésitation et défie ces milliers d'adversaires. . . .

« L'ennemi s'élance une seconde fois sur la vaillante petite troupe : le Château-Rouge et le parc Hachette tombent au pouvoir des Bavarois, mais les assaillants se trouvent arrêtés devant le clos sud du village.

« Le commandant du 15ᵉ de marche réduit à se défendre dans les jardins que l'artillerie adverse bat avec fureur, entouré d'une véritable nuée de combattants, voyant les survivants de son régiment brisés de fatigue, aveuglés par la fumée et la poussière,.... craint d'être définitivement enveloppé. . . .

« Voilà pourquoi nous pensons que dès 9 heures le 15ᵉ de marche était déjà seul à soutenir la poussée formidable des Bavarois et des Prussiens. »

Aucune de ces allégations ne résiste à un examen sérieux. Le 15ᵉ de marche n'a jamais été attaqué par 2 corps d'armée allemands ; d'ailleurs, pour affirmer une telle énormité, il faut n'avoir aucune notion de la guerre : il n'est pas de régiment capable de résister ainsi à 2 corps d'armée ; il n'y en a jamais eu.

Si l'on se reporte au récit du combat, on verra que *pas un seul homme du Vᵉ corps prussien n'a participé à l'attaque du Plessis-Piquet.*

Au moment de cette attaque, le Vᵉ corps avait repris sa marche sur Versailles ; le général de Kirchbach avait pris cette détermination, estimant que les Bavarois n'avaient plus besoin d'être soutenus, et il avait, sur la demande du colonel de Diel, laissé simplement la 18ᵉ brigade d'infanterie à Villacoublay, avec 2 escadrons et 2 batteries : *ces forces n'en bougèrent pas.*

Avant midi, c'est-à-dire bien avant la première attaque sérieuse des Bavarois contre Le Plessis-Piquet, le reste du corps d'armée était déjà en marche sur Versailles, où il était rejoint à 6 heures par la 18ᵉ brigade venant de Villacoublay. (*Relation allemande*, 10ᵉ livraison, pages 69-70 et 77).

Ceci explique comment la gauche des Bavarois était si bien en l'air, dans l'attaque contre Le Plessis-Piquet qu'il fallut la couvrir du côté de Meudon par deux escadrons de chevau-légers ; il est évident que si le Vᵉ corps prussien avait participé à cette attaque, les Bavarois n'eussent pas eu à couvrir leur aile gauche qui eût été prolongée par les troupes de ce corps d'armée.

Pas davantage, la 4ᵉ division bavaroise (7ᵉ et 8ᵉ brigades) n'avait contribué à l'attaque du Plessis-Piquet pendant laquelle elle était à Sceaux et à Bourg-la-Reine.

Voilà donc ces 2 corps d'armée réduits à la 3ᵉ division (1ʳᵉ du IIᵉ corps bavarois) dont cinq bataillons furent engagés effectivement (*Relation de l'état-major prussien*, pages 72 et 73).

Comment donc un écrivain qui veut être pris au sérieux a-t-il osé écrire que « *dès 9 heures* le 15ᵉ de marche était déjà seul à soutenir la *formidable poussée* des Bavarois et des Prussiens », quand auparavant, 5 pages plus haut, on lit dans son propre ouvrage : « A *midi*, les Bavarois qui jusqu'alors *s'étaient contentés de tirailler* avec les défenseurs du Plessis-Piquet *se décident à sortir du bois de Malabry.* » On a peine à comprendre qu'après avoir relu il ait laissé subsister dans son texte de telles contradictions.

Le récit du colonel Bonnet fera voir que le même auteur affirme bien à la légère qu'il n'y eut pas la moindre hésitation dans le 15e de marche, dont le 1er bataillon, au contraire, se montra un moment fortement ébranlé.

Mais peut-on sérieusement dire que les soldats de ce régiment voyaient devant eux toute une division bavaroise, alors que l'ennemi se tint dissimulé dans le bois de Verrières jusqu'au moment de l'attaque décisive, et qualifier de nombreuses les batteries bavaroises qui étaient au nombre de 3 sur un front de 1500 mètres ; quant à l'autre division bavaroise, sa vue ne pouvait produire grand effet sur le 15e de marche qui ne pouvait apercevoir ni la 7e brigade groupée à Bourg-la-Reine, ni la 8e en position de garde-à-vous au sud-est de Châtenay.

Une fois de plus, pourquoi s'être emparé, sans la contrôler et sans la comparer avec les éléments d'information français, de la version allemande, en écrivant que le Château-Rouge et le parc Hachette ont été enlevés de vive force par les Bavarois ?

En outre, c'est faire erreur que de penser que le colonel Bonnet n'a envoyé le capitaine Tarigo près du général en chef qu'après la prise de ces deux points.

Il est étrange de parler des « *survivants* » du 15e de marche ; on comprend cette expression quand il s'agit de corps qui ont perdu les 2/3 ou la moitié de leur effectif ; comme le 2e régiment de tirailleurs à Frœschwiller, qui, le matin du 6 août, avait à l'effectif 76 officiers et 2,200 hommes, et revint avec 6 officiers et 340 hommes de la bataille, ayant perdu par conséquent 70 officiers et 1860 hommes de troupe ; comme le 2e zouaves dans la même journée, comme certains régiments dans les batailles de Metz, et comme le 35e et le 42e de ligne à Paris ; mais si l'on se reporte aux pertes subies par le 15e de marche et la compagnie et demie de chasseurs qui lui était adjointe (3 officiers blessés — 5 hommes tués — et 33 blessés), on ne peut s'empêcher de trouver que les *survivants* étaient bien nombreux.

Nous faisons grâce à l'auteur que nous combattons de sa fumée et de sa poussière, qui sont certainement ce qu'il y a de plus exact dans le tableau qu'il nous présente du combat du Plessis-Piquet.

Jamais le 15ᵉ de marche n'a été entouré d'une « véritable nuée de combattants ». Il a été attaqué de front, menacé un instant sur son flanc droit; jamais sa ligne de retraite n'a été compromise, le 3ᵉ bataillon du 26ᵉ de marche assurant sa liaison avec la redoute et les troupes en arrière; ce bataillon était en repli à moins de 1200 mètres des défenses sud du Plessis-Piquet, et à moins de 600 mètres de la lisière nord de ce village, en dépit de cette étrange affirmation que le général Ducrot « a laissé le 15ᵉ de marche seul, à plus de 2,000 mètres de nos lignes avancées les plus proches. »

Mais ce n'est pas tout; nous avons à répondre à une longue discussion, où l'on a en vain essayé de prouver que le général en chef « *avait complètement perdu de vue le 15ᵉ de marche, qu'il ignorait ce qu'il était devenu et qu'il n'y pensait plus.* »

Qu'on en juge; nous citons le texte *in extenso*:

« Un auteur qui signe A. G. et qui écrit souvent dans le *Journal des Sciences militaires,* a prétendu que c'était par ordre du général Ducrot, et pour protéger la retraite, que le 15ᵉ de marche avait résisté si longtemps au Plessis-Piquet. Cette allégation ne résiste pas à un examen approfondi.

« Non seulement aucune déclaration des combattants de Châtillon, aucune pièce officielle ou privée n'arrive à l'appui de cette assertion; non seulement tous les témoignages [1] affirment le contraire de ce qui est avancé par l'auteur anonyme, mais l'étude de la position des troupes sur les croquis du combat dessinés par le général Ducrot, le plan de cette affaire donné par le grand état-major prussien montrent jusqu'à l'évidence, par l'isolement où se trouvait le 15ᵉ de marche, que ce brave régiment avait été abandonné, sans ordres de ses chefs; en un mot, qu'il avait été oublié.

« Au reste, quelles que soient les critiques que nous ayons à adresser au général commandant en chef à Châtillon, touchant sa tactique du 19 septembre, nous ne voudrions pas lui faire l'injure de le penser capable de charger un régiment de défendre une position avancée comme l'était celle du Plessis-Piquet sans le relier au gros de ses troupes par quelques compagnies au

---

[1] Lesquels ? Il faudrait en citer au moins un.

moins ¹, et nous croyons qu'il avait assez l'habitude du champ de bataille pour ne pas commettre une faute aussi lourde.

« Parmi nos témoignages, il s'en trouve qui ne peuvent laisser subsister aucun doute : le premier est celui de M. le commandant Bonnet ², qui constate dans son *Histoire de la guerre de 1870-71*, que l'ordre de retraite n'était pas parvenu au lieutenant-colonel Bonnet. L'auteur anonyme³ se trompe donc quand il affirme sans preuves que le 15ᵉ de marche avait reçu l'ordre de résister au Plessis-Piquet le plus longtemps possible ⁴. »

« Le second témoignage est celui du général Ducrot lui-même, qui a raconté ainsi ce glorieux incident : « La situation du lieu-
« tenant-colonel Bonnet était *critique*; nos troupes avaient évacué
« la plus grande partie du plateau ; cet officier pouvait être enve-
« loppé avec son régiment. Il envoya donc un officier à cheval,
« M. Tarigo, *demander les instructions du général Ducrot*, qui
« lui prescrivit de *se retirer immédiatement* par la route de Fon-
« tenay-aux-Roses. »

« Il est clair que le général Ducrot ne se serait pas exprimé en ces termes s'il n'avait pas *oublié* le 15ᵉ de marche. Dans ce cas, il n'aurait pas attendu l'arrivée de M. Tarigo pour ordonner de se retirer immédiatement, alors que le moment par lui assigné pour la retraite était passé depuis plus de 4 heures.

« De son côté, le commandant du 15ᵉ de marche n'eût pas eu à expédier un officier au général en chef pour lui demander des instructions, s'il les avait déjà reçues, comme on essaye de le faire croire, dans le but de dégager la responsabilité du général Ducrot.

---

¹ Le 3ᵉ bataillon du 26ᵉ de marche était, nous l'avons vu, chargé de cette mission et la remplit jusqu'au bout.

² Ce que peut écrire un auteur, dix ans après des événements *auxquels il n'assistait pas constitue une version*, mais pas un *témoignage* ; est-il besoin de le faire remarquer ?

³ Cet auteur anonyme, M. A. G., est un de nos officiers les plus érudits, dont les travaux d'art et de sciences militaires jouissent d'une réputation méritée. Ses études sur la guerre de 1870-1871 démontrent son savoir et son impartialité. Il n'avance rien qui ne s'appuie sur les faits et la connaissance de la guerre, et qu'il ne puisse prouver.

⁴ Nous ne comprenons pas comment, de ce que l'ordre de retraite n'est pas parvenu au 15ᵉ de marche on peut conclure que ce régiment n'a pas reçu l'ordre de résister au Plessis-Piquet le plus longtemps possible. Le récit du colonel Bonnet, sur l'installation de son régiment, et qui, lui, *est bien un témoignage* établit le contraire.

« Aussi quand celui-ci a écrit que « le lieutenant-colonel « Bonnet, se conformant aux ordres du commandant en chef, « continuait à *se maintenir* dans le Plessis-Piquet », cela veut dire qu'il s'y *maintenait conformément aux ordres du matin.*

« Nous savons bien encore que le général Ducrot dit avoir envoyé le capitaine de Néverlée, vers 8 heures, au lieutenant-colonel Bonnet, pour lui prescrire de tenir au Plessis-Piquet et de ne se retirer que « *lorsque toutes les troupes engagées sur le « plateau l'auraient dépassé.* »

« Mais en admettant que cet ordre ait été envoyé, CE DONT NOUS DOUTONS, car, ce jour-là, les prescriptions du général Ducrot n'ont pas été heureusement transmises et interprétées, notamment par les généraux de Caussade et Appert, en admettant donc que ledit ordre ait été LANCÉ, M. le commandant Bonnet nous a appris qu'il n'était pas arrivé au 15ᵉ de marche. Nous en avons la preuve dans ce fait que ce régiment n'est arrivé à la redoute qu'à 3 heures de l'après-midi, et dans celui que, à 2 heures, d'après le récit qui nous a été fait, à 1 h. 1/2 d'après la relation du grand état-major prussien, il combattait encore au Plessis-Piquet. Le lieutenant-colonel Bonnet, s'il avait reçu cet ordre mystérieux, serait-il resté dans une position aussi « *critique* » depuis 9 heures du matin, selon nous¹, depuis 10 heures au plus, selon les relevés du grand état-major prussien, alors que toutes les troupes des divisions d'Hugues et de Caussade, notre cavalerie, notre artillerie, « avaient rallié les emplacements quittés le matin » et dépassé Le Plessis-Piquet ? Et quand nous disons qu'il résulte de l'ouvrage de M. de Moltke qu'à 10 heures au plus, le 15ᵉ de marche était aux premières lignes, cela est bien loin de signifier qu'il n'y était pas depuis 8 heures ; cela signifie simplement que le grand état-major prussien *a négligé d'indiquer le moment de la journée où s'est effectuée la retraite des divisions d'Hugues et de Caussade.*

« Mais le général Ducrot va nous renseigner à cet égard, et voilà pourquoi nous pensons que, dès 9 heures, le 15ᵉ de marche était déjà seul à soutenir la *poussée formidable des Bavarois et des Prussiens.* En effet, en acceptant les déclarations de son

---

¹ Ne pas oublier que la première attaque sérieuse des Bavarois contre Le Plessis-Piquet n'eut lieu qu'à midi 1/2.

livre, le général avait donné aux deux divisions l'ordre de retraite à l'instant de l'effarement de la division de Caussade. *Or, si l'on consulte le récit du grand état-major prussien, on constate que cet événement s'est passé à 8 h. 1/2 ; le rédacteur officiel ajoute même :* « Voyant que sa tentative avait échoué sur toute la ligne, « le général Ducrot ordonnait à ses troupes de se replier sur leurs « anciennes positions. »

« Il était donc 8 h. 1/2 environ quand la retraite des deux divisions françaises a commencé par ordre, et, du train qu'allaient nos soldats, il n'est pas douteux qu'à 9 heures ils avaient dépassé Le Plessis-Piquet et rejoint les camarades qui s'étaient dérobés dès les premiers obus.

« Nous avons exposé et traité la question avec tous les éclaircissements (?), et en mettant sous les yeux du lecteur les pièces du procès (?); nous croyons que maintenant l'opinion de toute personne *un peu au courant de la tactique* (!!) doit être faite. Il est prouvé que de 8 h. 1/2 du matin à 1 ou 2 heures de l'après-midi, au moment où M. Tarigo, l'envoyé de M. le lieutenant-colonel Bonnet, est venu demander ce que le 15e de marche avait à faire, le général Ducrot n'a donné aucun ordre au commandant de cet héroïque régiment ; que de 10 heures du matin jusqu'à l'arrivée de M. Tarigo, le général avait complètement perdu de vue le 15e de marche, qu'il ignorait ce qu'il était devenu et qu'il n'y pensait plus [1]. »

Avant de prouver l'inanité de ces critiques, d'ailleurs assez confuses, il est nécessaire de continuer le récit du lieutenant-colonel Bonnet, récit que nous avons interrompu avec intention après l'exposé de l'occupation du Plessis-Piquet par le 15e de marche, le 18 au soir :

« ..... La bataille s'engage, l'avant-poste de Plessis-Moulin est enlevé sans résistance. JAMAIS LES ALLEMANDS N'ONT CHERCHÉ A

---

[1] Napoléon parlant à Sainte-Hélène d'un livre dû à la plume de M. Lullin de Châteauvieux dit : « On ne disconvient pas que l'auteur ne soit un homme d'esprit ; mais certes il n'est pas militaire, il s'est formé des idées fausses de toutes les batailles, de toutes les campagnes et de toutes les questions militaires dont il parle. On voit que les affaires de la guerre lui sont si étrangères qu'il ne s'en forme jamais l'idée et que, dès lors, il ne peut les rendre. » (*Commentaires*, t. V, p 356). Ne croirait-on pas ces lignes écrites exprès pour certains critiques militaires contemporains ?

s'emparer de haute lutte du Plessis-Piquet. Leur tir de mousqueterie nous faisait peu de mal. Quant à leur tir d'artillerie, il était dirigé contre nos réserves, et beaucoup trop long, vu que ces réserves avaient précisément reçu l'ordre de serrer très près des premières lignes, derrière les obstacles couvrants.

« Un bataillon (le 1er), pris de panique, s'enfuit en désordre jusqu'au fond du ravin, où le colonel Bonnet réussit à le rallier, aidé des officiers, et à le reporter en avant. Ce bataillon se maintint ensuite très ferme [1].

« Trois fois les Bavarois firent mine de s'élancer et poussèrent des hurrah ! *Mais ils ne s'élancèrent pas.*

« Le feu demandait à être modéré, le nombre des cartouches étant limité ; les officiers parvinrent à s'en rendre maîtres et à le diriger.

« Cependant le colonel Bonnet avait fait monter dans un arbre un homme qui, de cet observatoire, lui signalait les mouvements de l'ennemi et les mouvements de retraite des divisions d'Hugues et de Caussade.

« Les munitions devenant rares, il envoya le capitaine adjudant-major Tarigo, porteur d'un billet au crayon, près du général Ducrot, afin de lui rendre compte de la situation. Cet officier avait reçu pour instruction de rapporter par écrit l'ordre de retraite.

« Après une attente d'une demi-heure, qui parut bien longue au commandant du 15e de marche, le capitaine Tarigo apporta l'ordre du général en chef de battre en retraite immédiatement sur Châtillon. Le général faisait dire, en outre, au colonel Bonnet que son mouvement serait couvert par l'*infanterie disponible* (le 3e bataillon du 26e de marche, entre autres) et par les mitrailleuses.

« A défaut d'ordre écrit, le colonel fit donner par le capitaine Tarigo, devant ses chefs de bataillon, sa parole d'honneur que tel était bien l'ordre du général en chef.

« La retraite commença vers 1 h. 1/2, s'effectua *sans encombre*, sans être inquiétée par les Allemands autrement qu'à coups de canon qui ne nous ne firent aucun mal ; à un moment donné les

---

[1] Il n'en est pas moins inexact d'affirmer, sans s'être renseigné, « qu'il n'y eut pas la moindre hésitation » dans le 15e de marche.

Bavarois, croyant la position évacuée, s'élancèrent sur une brèche, mais à la seule vue du groupe d'arrière-garde avec lequel marchait le lieutenant-colonel, ils se replièrent précipitamment.

« Le capitaine Tarigo avait trouvé le général Ducrot à la redoute, *d'où l'on voyait admirablement la ligne de feu du 15ᵉ de marche au Plessis-Piquet*[1] *et d'où l'on entendait parfaitement sa fusillade*[2]. »

Le général en chef ne pouvait donc oublier et PERDRE DE VUE le 15ᵉ de marche, puisqu'il le *voyait combattre*, qu'il entendait sa fusillade ainsi que celle des Bavarois qui, depuis 10 heures, étaient seules à retentir sur le plateau ; il le pouvait d'autant moins que son chef lui était personnellement connu et qu'il l'avait chargé d'une mission spéciale. Mais pourquoi le général Ducrot qui, *de sa place, se rendait parfaitement compte de la marche et de l'ensemble des événements*, eût-il été inquiet sur le sort de ce régiment ?

Sa retraite était assurée, nous l'avons vu, par la vallée de Sceaux[3] ; sur le plateau, le feu de la redoute et celui de l'infanterie et des pièces postées aux abords interdisaient à l'ennemi toute tentative sur les derrières des défenseurs du Plessis-Piquet.

Or, leur résistance faisait gagner un temps précieux ; il y avait donc lieu de la laisser se prolonger jusqu'aux dernières limites.

Le général en chef *voyant* le colonel Bonnet continuer à tenir n'avait aucune raison de le faire retirer, d'autant plus qu'il avait toute confiance dans son expérience de la guerre et qu'il croyait l'ordre envoyé le matin arrivé à destination[4].

---

[1] Il est facile de s'en rendre compte en allant sur le terrain.

[2] Rapprocher ce tableau *exact* du combat du Plessis-Piquet, de la description fantaisiste due à la plume de l'écrivain que nous avons cité.

[3] Nous répèterons encore que les positions occupées par la division de Maussion, les batteries du commandant de Miribel et celles du Télégraphe empêchaient, conjointement avec le 3ᵉ bataillon du 26ᵉ de marche, l'ennemi de tenter, avec chance de succès un mouvement quelconque par les pentes Robinson et par le ravin du ruisseau de La Fontaine. De fait, les Allemands s'abstinrent prudemment.

[4] L'ordre de se retirer après avoir été dépassé par toutes les troupes engagées sur le plateau. Un ordre de cette nature laisse toute initiative dans l'exécution à un chef de corps qui, si l'ennemi n'est pas pressant, a toute latitude pour retarder le moment de la retraite, la ralentir, et pour l'accélérer ensuite si les circonstances changent.

Bien qu'on en ait dit, on ne peut douter de l'envoi de cet ordre : le général Ducrot a porté lui-même au général Boissonnet, commandant l'artillerie, l'ordre de battre en retraite ; il a marché de sa personne avec le dernier échelon, c'est-à-dire avec celui de gauche, le plus rapproché du Plessis-Piquet, puisque le mouvement a commencé par la droite ; il avait donc sous les yeux ce village, et il entendait le feu des soldats du colonel Bonnet, rapidement dépassés par le 19e de marche dans son mouvement de recul, et échangeant des coups de feu avec les Bavarois postés à la lisière du bois de Verrières. Comment donc admettre un seul instant qu'après avoir donné ou fait porter sur toute la ligne les instructions nécessaires, il ait oublié le 15e de marche qu'il a chargé d'une mission particulière, dont le chef lui est personnellement connu, il importe de le répéter, et qu'il entend et voit combattre.

A ce sujet, il n'y a que deux hypothèses : 1º Ou bien le porteur de l'ordre à la division d'Hugues a considéré qu'elle ferait parvenir au colonel Bonnet les instructions destinées au 15e de marche, ce régiment se trouvant enclavé dans ses lignes ; après avoir communiqué au général d'Hugues les ordres concernant les défenseurs du Plessis-Piquet en même temps que ceux relatifs à sa division, il a cru sa mission remplie, et à l'état-major du général d'Hugues, on aura oublié le 15e de marche qui appartenait à la division de Caussade ;

2º Ou bien il a fait sa communication au général Renault qui commandait le 14e corps et qui se tenait à la division d'Hugues, et dans la transmission des ordres à l'échelon inférieur, les prescriptions relatives au 15e de marche auront été perdues de vue, ce qui n'est pas fait pour surprendre, si l'on se reporte aux incidents des divisions de Caussade et de Maussion.

Quoi qu'il en soit, le colonel Bonnet qui n'avait pas reçu communication des nouvelles prescriptions du général en chef, attendait toujours un ordre de retraite et continuait sa résistance ; d'ailleurs, il n'était pas coupé, l'aller et le retour du capitaine Tarigo sont là pour l'établir, et il ne pouvait pas l'être, sa propre retraite l'établit également.

Mais tout autre devenait sa situation après l'évacuation des positions de Bagneux et de Fontenay par la division de Maussion ; les Bavarois devenaient libres de manœuvrer sur le flanc gauche du 15ᵉ de marche, et s'ils s'emparaient de Bagneux et de Fontenay, ils pouvaient contraindre nos batteries du Télégraphe et les défenseurs de la redoute à une retraite précipitée.

Dans ces conditions, la situation du 15ᵉ de marche devenait « *critique* »; ce régiment pouvait être « *enveloppé* »[1].

Or, d'une part, à quelle heure le capitaine Tarigo remit-il au général Ducrot le billet dont il était porteur ?

D'autre part, à quelle heure le général apprit-il la retraite de la division de Maussion ? Toute la solution du problème est là ?

Il est facile d'établir d'une manière indiscutable que le général en chef a été joint par le capitaine Tarigo au moment où il venait d'être informé des incidents de Bagneux et de Fontenay.

En effet, le capitaine Tarigo a été absent environ une demi-heure (récit du colonel Bonnet); la retraite du 15ᵉ de marche a commencé vers 1 heure 1/2[2] et non *vers 2 heures*, ce régiment qui est arrivé à la redoute vers 3 heures ayant mis évidemment plus de trois quarts d'heure pour exécuter sa retraite par échelons, en combattant, surtout si l'on songe à la résistance qu'il a présentée à la lisière sud du village, et d'ailleurs, 1 heure 1/2 est bien l'heure indiquée par le colonel Bonnet lui-même. La communication des ordres de retraite aux divers échelons, la réunion des chefs de bataillon par le colonel Bonnet, ont dû prendre environ huit à dix minutes. On peut donc conclure que le capitaine Tarigo était de retour vers 1 h. 20, huit à dix minutes avant le commencement du mouvement de retraite. En admettant qu'il soit allé et revenu à la même allure, il a dû arriver près du général Ducrot *à 1 heure 5 minutes*, ou *même à 1 heure*, si l'on tient compte du temps qu'il a dû nécessairement passer près du général en chef.

Or, nous savons que c'est à *1 heure environ* (*La Défense de Paris*, t. 1ᵉʳ, p. 44) que le général Ducrot a donné l'ordre au général d'Hugues de faire réoccuper Fontenay-aux-Roses, et cela

---

[1] D'autant plus que le général Ducrot peut croire que le 3ᵉ bataillon du 26ᵉ de marche a suivi le mouvement de sa division ; heureusement il n'en est rien ; ce bataillon a été oublié, parce qu'en raison de sa mission spéciale, il se trouvait détaché à peu près de 1 kilomètre sur la droite de la division de Maussion ; il ne s'est replié que bien plus tard, après le départ des pièces qu'il couvrait.

[2] Heure indiquée d'ailleurs dans le récit allemand, pages 72 et 73.

immédiatement après avoir appris la retraite du général de Maussion.

C'est donc *vers* 1 *heure* également qu'il a eu connaissance de cet incident qui, nous l'avons expliqué, modifiait du tout au tout la situation du 15e de marche et nécessitait un ordre de retraite *immédiat* [1].

Ceci nous explique pourquoi le capitaine Tarigo questionné par le colonel Bonnet sur ce qui s'était passé au moment où il avait rejoint le général en chef, lui répondit que le général Ducrot, au reçu de sa communication au crayon, s'était tourné vers le général Appert (qui avait provoqué la retraite intempestive de la 3e division) et, avec un regard de reproche, lui avait dit : « Et Bonnet ? »

En résumé, nous avons démontré :

1º Que le général en chef avait pris toutes les dispositions nécessaires pour assurer la retraite du 15e de marche ;

2º Qu'il n'a pu oublier ce régiment, pas plus au moment où il a envoyé les ordres de retraite, après l'effarement de la division de Caussade, que plus tard, puisqu'il le voyait combattre de la position où il se trouvait ;

3º Qu'il n'y avait pas lieu d'envoyer au 15e de marche l'ordre de se replier avant la retraite de la division de Maussion.

D'ailleurs, les incidents comme celui du Plessis-Piquet ne sont pas rares à la guerre : « Il n'est presque pas de batailles où quelques compagnies de voltigeurs ou de grenadiers, souvent quelques bataillons, ne soient momentanément cernés dans des maisons, des cimetières ou des bois. » (*Commentaires de Napoléon Ier*. — Guerres de Frédéric II, Campagne de 1759, p. 400.)

Notons toutefois, et pour en finir, que le 15e de marche n'a jamais été cerné.

Nous avons vu que les fractions d'infanterie bavaroise ainsi que la batterie qui s'était portée jusqu'à la porte de Châtillon après avoir passé à l'ouest du Plessis-Piquet, avaient dû se retirer devant le feu de notre artillerie et de nos mitrailleuses ; l'artillerie revenue à sa position primitive avait repris son tir ; mais elle devait bientôt le cesser, réduite au silence par nos pièces.

---

[1] C'est le capitaine Faverot de Kerbrech (aujourd'hui général) qui vint « à bride abattue » annoncer cette incroyable nouvelle au général en chef. Ses notes et souvenirs personnels sont entièrement d'accord avec notre récit.

Notre artillerie du Télégraphe tenait facilement tête aux batteries bavaroises. Il n'y avait donc rien à redouter sur notre front où l'ennemi ne se montrait pas entreprenant.

Malheureusement, depuis l'évacuation de Clamart et de Bagneux, nos flancs étaient en l'air.

Le général Ducrot n'avait pas attendu que la situation fût aussi critique pour en avertir le gouverneur.

Dès 10 heures, il avait envoyé le commandant Bibesco rendre compte au général Trochu de ce qui se passait et lui demander des secours.

A midi, au moment où il apprit la disparition de la division de Caussade, il avait expédié une dépêche au gouverneur, lui faisant part de ses nouvelles inquiétudes.

En outre, il savait le ministre de la guerre informé par un de ses officiers d'ordonnance que le général Le Flô avait fait partir pour Châtillon, et qui était retourné à Paris après avoir accompagné le général en chef jusqu'à l'éperon du Télégraphe.

A la dépêche de midi, il avait été répondu à midi 40 : « Gouverneur est parti pour vous rejoindre, je pense comme vous que l'ennemi sera bientôt sur les hauteurs de Meudon, et je vous conjure de vous inspirer de votre propre valeur pour ne pas vous laisser cerner et nous priver de votre concours, qui peut nous être encore si utile ; je fais appel à tous vos sentiments de prudence. »

Cette dépêche était signée par le général Schmitz, chef d'état-major général. Aussi on se demande sur quoi on a pu se baser pour reprocher au général Ducrot de n'avoir pas jugé à propos de tenir son chef au courant des événements, et déclarer, après avoir cité une dépêche expédiée par le gouverneur à 4 h. 40 du soir, « qu'il eût été préférable, *des deux côtés*, de se servir plus tôt du télégraphe et de ne pas attendre la défaite pour se mettre en communication. »

On avouera qu'après midi 40, le général Ducrot, informé de la prochaine arrivée du gouverneur et le sachant parti pour venir le rejoindre, n'avait plus à correspondre avec lui.

Or, antérieurement, à 10 heures, il lui avait adressé une première communication par le commandant Bibesco, à un moment où la situation n'avait rien d'alarmant et où seulement la défensive remplaçait l'offensive.

Le général Trochu avait donc été informé par lui de l'échec

subi dans la marche en avant, de la retraite sur les positions du matin et des dispositions de défense adoptées, le commandant n'étant parti qu'après que tout eut été arrêté.

De 10 heures à midi il ne se passe rien, nous l'avons vu, qui mérite d'être signalé au gouverneur.

A midi, aussitôt que le général en chef a connaissance de l'incident de Caussade qui modifie sa situation, il en rend compte sans perdre un instant, et on lui répond que le gouverneur est parti le rejoindre.

Le reproche adressé avec tant de légèreté au général Ducrot est donc incompréhensible.

Peut-être cherchera-t-on à prouver un jour qu'au lieu de donner à nos jeunes soldats l'impulsion qui leur manquait, de s'opposer par son intervention personnelle à une déroute complète des troupes de la 1re division, après avoir déjà cherché à empêcher la débâcle des zouaves, de diriger en personne la retraite de ses batteries que sa présence encourageait et contribuait à maintenir, le général en chef, qui n'était pas suivi par une section de télégraphistes, aurait dû se rendre au fort de Vanves pour se transformer en employé de télégraphe.

Le général Ducrot se décide à se maintenir quand meme sur les hauteurs.

La dépêche du général Schmitz établissait clairement que l'abandon des hauteurs était chose décidée dans l'esprit du gouverneur et de son entourage.

Néanmoins, le général Ducrot ne peut se décider à évacuer ces positions « clefs de Versailles et de Paris » et, devant les défaillances dont il est témoin, il prend le parti désespéré de s'enfermer dans la redoute avec quelques centaines d'hommes déterminés et de s'y défendre jusqu'à la dernière extrémité.

Il donne en conséquence l'ordre au sous-intendant militaire d'y transporter les 50,000 ou 60,000 rations réunies dans le haut Châtillon. Malheureusement, la redoute manquait d'eau.

« Plusieurs hommes s'étaient déjà plaints de la soif, qui commençait à se faire sentir à tous. »

Le général en chef envoie le colonel du génie Corbin voir s'il n'y aurait pas des puits ou des réservoirs dans le haut Châtillon.

Après une heure de recherches, le colonel vint rendre compte qu'il n'y avait aucune ressource en eau et qu'il était impossible d'approvisionner la redoute, les conduites d'eau ne fonctionnant plus et tous les réservoirs étant à sec.

On ne savait pas que la machine de Choisy-le-Roi, qui alimente Châtillon, avait été mise hors de service par ordre du directeur de la Compagnie des eaux le 18 septembre, au moment de l'approche de l'ennemi.

Ce manque d'eau nous interdisait de tenir plus d'un jour dans l'ouvrage si l'ennemi, comme on devait le supposer, parvenait à l'investir en occupant le village de Châtillon.

En même temps, le général commandant l'artillerie rendait compte que les munitions pour pièces de 12 étaient à peu près épuisées ; on en avait demandé depuis plusieurs heures déjà, mais rien n'était arrivé et l'on n'avait même pas reçu avis de leur envoi.

Malgré tant de déboires et d'événements imprévus qui eussent suffi pour déconcerter un caractère moins fortement trempé, le général Ducrot se décide à tenir encore. Le gouverneur est annoncé ; il peut arriver d'un moment à l'autre ; sans doute, il ne se bornera pas à venir seul ; s'il amène une partie du 13e corps, surtout la brigade de Guilhem, composée de deux anciens régiments, 35e et 42e, la situation peut se modifier dans un sens favorable ; d'ailleurs, sur notre front, rien ne pressait, l'ennemi étant maintenu à 600 ou 700 mètres de la redoute.

« Le cimetière formait devant la redoute un véritable ouvrage de contre-approche. La compagnie du capitaine Bontemps, qui l'occupait, fusillait de la face gauche les Bavarois, quand ils tentaient de prendre pied sur le plateau, au-dessus du Plessis-Piquet et de la face perpendiculaire à la route ; cette même compagnie tenait en respect les Prussiens dans la direction de Villacoublay (la 18e brigade, laissée en soutien des Bavarois à Villacoublay et qui rejoignit le Ve corps à Versailles à 6 heures).

« Le combat se bornait à une canonnade à grande distance et à une fusillade échangée avec l'ennemi, embusqué derrière une haie à 1000 mètres de la redoute. »

Un bataillon du 21e de marche était placé partie en arrière de cet ouvrage, partie entre l'ouvrage et les batteries du Télégraphe ; quelques balles vinrent tomber dans ses rangs au moment où le général Paturel ordonnait à deux compagnies de ce bataillon, qui voyaient le débouché du Plessis-Piquet, de tirer sur les Bavarois, qui cherchaient à en sortir.

Le feu se propagea sur toute la ligne, et les balles sifflèrent aux oreilles des défenseurs de l'ouvrage et des artilleurs, qui furent très émus de ce feu venant d'arrière et dont ils ne comprenaient pas la cause. (*La défense de Paris*, t. 1er, p. 51. — Rapport du général Ducrot au gouverneur sur le combat de Châtillon.)

Grâce à l'intervention personnelle du général en chef, on parvint à faire cesser le feu, qui ne fut continué que par les mitrailleuses ; mais l'impression fâcheuse était produite, et dès ce moment nos jeunes troupes montrèrent moins de calme et de sang-froid.

Au même moment on signalait au général Ducrot que l'ennemi venait d'occuper Bagneux, abandonné par la division de Maussion, et se dirigeait sur Fontenay-aux-Roses.

Il était 3 h. 1/4. Le gouverneur n'arrivait pas et l'on ne pouvait plus se faire aucune illusion sur l'envoi de renforts ; résister plus longtemps sans être secouru, c'était s'exposer à un enveloppement certain.

Alors seulement le général Ducrot prit le parti d'abandonner le plateau.

Les batteries du Télégraphe et celles placées au-dessus de Clamart reçoivent l'ordre de se retirer vers Montrouge ; elles commencent immédiatement leur mouvement par les seconds caissons et par les impedimenta.

La grand'route facilite ce mouvement.

Dès qu'elle est un peu débarrassée de ce matériel, les troupes établies en arrière de la redoute et sur les pentes se retirent en échelons dans la même direction, avec l'ordre de se former entre les forts d'Issy, de Vanves et de Montrouge ; cette opération est protégée par un feu très violent d'artillerie et de mousqueterie, partant de la redoute dans laquelle le général en chef est resté avec le 2e bataillon du 26e de marche, une compagnie de mobiles d'Ille-et-Vilaine, qui avaient eu jusque-là bonne attitude, et quelques sapeurs du génie.

L'artillerie devait, la première, évacuer l'ouvrage et se retirer sous la protection de l'infanterie.

Les mitrailleuses furent emmenées sans difficulté, le capitaine de Grandchamp ayant eu la prévoyance de faire rester les avant-trains derrière la redoute avec les chevaux de timon.

Mais quand on voulut retirer les pièces de 12 dont les avant-trains, faute de place dans l'ouvrage, avaient été laissés dans le haut Châtillon, on ne retrouva ni avant-trains ni attelages ; au moment où l'évacuation du matériel et des seconds caissons avait commencé, les conducteurs, que leurs chefs eurent le tort grave de ne pas maintenir, puisqu'ils n'avaient pas l'ordre de se retirer et qu'ils savaient leurs pièces dans la redoute, avaient suivi le mouvement.

Il n'y avait pas de temps à perdre ; on pouvait être cerné, et le feu très vif des défenseurs de l'ouvrage ne pouvait dissimuler longtemps leur petit nombre.

Le général en chef fait enclouer par le capitaine du génie de Saint-Vincent les huit pièces de 12, qu'il faut bien abandonner ; il surveille pièce par pièce cette opération.

Cela fait, ordre est donné à la compagnie de mobiles et au 2e bataillon du 26e de marche de quitter la redoute, d'où le général Ducrot sort le dernier.

Cette petite arrière-garde se retire en bon ordre ; l'ennemi ne fait rien pour l'inquiéter ; pas un coup de canon, pas un coup de fusil n'est tiré contre elle, et à 5 heures elle s'arrête à hauteur du fort de Vanves.

Les Bavarois s'étaient tenus à distance tant que la redoute avait été occupée ; dès que la cessation du feu suspendu depuis un moment assez long ne permet plus de douter de son évacuation, ils « s'élancèrent impétueusement » sur l'ouvrage abandonné et y pénétrèrent.

Le récit officiel allemand dit qu'ils y trouvèrent huit pièces de gros calibre ; l'erreur est manifeste : il n'y avait jamais eu dans la redoute de pièces de gros calibre, comme les Allemands voudraient le faire croire, dans le but d'expliquer leur peu d'audace et leur pusillanimité dans l'attaque de cet ouvrage ; il n'y avait que les pièces de 12 de campagne dont nous avons parlé.

Des patrouilles envoyées immédiatement à Clamart et à Châtillon les trouvèrent évacués, ainsi que les fermes environnantes. (Récit officiel allemand.)

Un canon de campagne, abandonné parce que son attelage

avait disparu, des vivres, deux fanions et des effets d'équipement tombèrent également aux mains des Bavarois, qui, d'après la relation allemande, auraient « accompagné de leurs feux les troupes françaises en retraite sur Paris[1]. »

Ceci est tout aussi exact que la trouvaille des pièces de gros calibre ; l'affirmation si nette du général Ducrot, qui marchait à l'arrière-garde (pas un coup de canon, pas un coup de fusil ne fut tiré sur cette petite arrière-garde), celle non moins catégorique d'un de nos camarades qui marchait près du général en chef, démentent cette assertion, imaginée dans le but évident de donner une fois de plus le change sur l'attitude des Bavarois.

Si ceux-ci avaient ainsi talonné les défenseurs de l'ouvrage en retraite, il en résulterait qu'ils n'auraient pas autant différé l'attaque de la redoute, alors qu'en réalité, lorsqu'ils se décidèrent à y entrer, les nôtres étaient déjà bien loin.

C'est encore dans le même but que les rédacteurs de la relation allemande ont écrit : « Jusqu'à 3 heures de l'après-midi, l'artillerie française entretint un feu violent, qu'elle ralentissait ensuite peu à peu, à mesure que les troupes les plus avancées quittaient leurs emplacements.

« Remarquant cette manœuvre, le capitaine d'Imhoff tente, *vers 3 heures*, de se jeter sur la redoute avec les compagnies bavaroises réunies sous ses ordres ; mais quand il aborde l'ouvrage, celui-ci était déjà abandonné par l'ennemi. »

Comme ce récit est habilement disposé pour donner à croire que les Français ont précipitamment évacué la redoute, terrifiés sans doute par l'aspect des Bavarois s'élançant sur elle !

Mais l'erreur est palpable : *3 heures*, c'est l'heure de l'arrivée du 15e de marche revenant du Plessis-Piquet ; or, ce régiment rentra sans encombre à la redoute, tandis que s'il fallait prendre pour vrai le récit allemand, il se fût jeté dans les compagnies bavaroises.

En outre, ce n'est qu'à *4 heures* que commencèrent l'évacuation du matériel et la retraite par échelons de l'infanterie et de l'artillerie, sous la protection des feux de l'ouvrage.

---

[1] Inutile de faire remarquer que la contradiction est évidente avec le passage de la relation de l'état-major prussien que nous venons de citer et où il est dit que « les patrouilles envoyées à Châtillon le trouvèrent évacué. »

Nous ne trouvons nulle part, il est vrai, l'heure exacte du départ des troupes qui en sortirent les dernières.

Mais on peut la fixer à 4 h. 1/2, en se basant sur le temps nécessaire à l'écoulement des troupes et du matériel qu'elles étaient chargées de couvrir, et sur le fait qu'elles arrivèrent au fort de Vanves à 5 heures. (De la redoute de Châtillon au fort de Vanves il y a 2,000 mètres, et la retraite s'est effectuée directement, sans combat.)

Cette heure de *5 heures* ne saurait être mise en doute, puisque, nous le verrons tout à l'heure, en arrivant au fort, le général Ducrot y trouva un télégramme du gouverneur, expédié de Paris à 4 h. 40 et reçu déjà depuis un certain temps par le commandant du fort.

Par conséquent, tous les artifices de rédaction des écrivains officiels allemands ne sauraient donner le change, et à la redoute comme au Plessis-Piquet, les Bavarois n'ont été que des « enfonceurs de portes ouvertes »[1].

Maître de la position, le commandant de la 3e division bavaroise dispose la 6e brigade et cinq batteries sur les hauteurs, aux abords de la redoute où s'établissent, avec le concours des pionniers, deux compagnies du 3e bataillon de chasseurs et le 2e bataillon du 14e ; une autre compagnie de chasseurs occupe Châtillon.

Une batterie avec le 8e bataillon de chasseurs sont postés près de la Tour des Anglais, avec des avant-postes vers Clamart. Le 3e bataillon du 6e avec une batterie et le 5e régiment de chevau-légers couvrait, de la porte de Châtillon, le flanc gauche de la division contre le bois de Meudon, dont les Français occupaient encore le château, contre lequel aucune attaque n'avait été dirigée, par suite du départ du Ve corps prussien, ce qui avait permis au commandant Lévy et au capitaine Jacquot de s'y maintenir.

---

[1] Dans son étude sur la bataille de Frœschwiller, M. le lieutenant-colonel Bonnal a mis en relief la faiblesse des troupes bavaroises et leur peu de vigueur ; « les soldats bavarois, ajoute-t-il, n'ont été ni plus ni moins bons sous l'égide prussienne qu'au temps où ils étaient nos alliés. En 1806, les généraux français qui les commandaient ne tarissaient pas en plaintes et en récriminations à leur égard. Ils les dépeignaient, dans leurs rapports à Napoléon, comme des pillards, les officiers surtout, incapables de vigueur tant dans les marches que dans les combats. »

La 4e division avait la 7e brigade à Bourg-la-Reine et à Fontenay-aux-Roses; la 8e brigade, toujours en position de garde à vous avec la réserve d'artillerie à Châtenay, où s'installait le quartier général du corps d'armée; la brigade de uhlans bivouaquait à Fresnes-les-Tungis.

De son côté, le général Ducrot, arrivé au fort de Vanves, y pénétra, désirant se rendre compte par lui-même de son armement et de sa situation.

Le commandant du fort lui remit le télégramme du gouverneur, dont nous avons déjà parlé :

« 4 heures 40 minutes.

« Gouverneur de Paris au commandant du fort de Vanves.

« Avez-vous des nouvelles de la personne du général Ducrot? »

Le général télégraphia immédiatement au gouverneur pour rendre compte de la situation et demander des instructions. Ordre ayant été donné de faire rentrer le 14e corps dans Paris, ce mouvement fut exécuté vers 8 heures du soir.

« On le voit, l'isolement du général Ducrot sur le plateau avait été si complet qu'on ignorait même ce qu'il était devenu. On craignait qu'il n'eût été tué ou enlevé dans la bagarre; en un mot, personne dans Paris ne savait au juste ce qui se passait sur le lieu du combat, parce que, depuis 11 heures du matin, personne n'y était venu voir. »

Que s'était-il donc passé?

Le général Trochu s'était mis en route, comme il l'avait annoncé par sa dépêche.

A la porte de Paris il avait rencontré la division du général de Caussade; ce général lui avait dit que le combat était terminé et que tout le monde battait en retraite.

Si l'on se met à la place du gouverneur qui n'avait jamais cru à la possibilité de conserver les hauteurs [1], pour qui « le combat ne devait être qu'une simple contestation suivie d'une retraite, »

---

[1] L'opinion du général Trochu sur la possibilité de conserver les hauteurs de Châtillon s'est modifiée plusieurs fois pendant les quelques jours qui ont précédé l'investissement. Quand le capitaine Faverot de Kerbrech se présenta à lui le 13 septembre, après son évasion, et lui annonça que le général Ducrot avait réussi à s'échapper des mains des Prussiens, le gouverneur s'écria : « Quel bonheur ! je vais pouvoir lui confier la défense d'une position pour

on ne trouvera pas extraordinaire que, rencontrant un général de division à la tête de ses troupes et qu'il ne peut deviner s'être retiré sans ordre, *proprio motu*, qui lui affirme que la retraite est générale, il ait ajouté foi à ce renseignement à la communication duquel il répondit : « Je savais bien qu'on devait battre en retraite, mais pas sitôt que cela. »

Dans ce cas, qu'aller faire à Châtillon ?

L'attitude de la division de Caussade, tant soit peu en désordre, n'est pas faite pour lui inspirer confiance.

Or, il a toujours redouté une attaque de vive force, pensant qu'après leurs succès écrasants, les Allemands arrivant devant Paris qu'il savaient dépourvu, ou à peu près, de forces solidement organisées, ne pourraient manquer de tenter l'assaut immédiat pour brusquer le dénouement.

En cela il se trompait, et l'événement lui a donné tort.

Certes, une armée française dans les mêmes conditions aurait tenté l'aventure ; mais cela ne pouvait entrer dans les vues prudentes des chefs de l'état-major allemand, et n'était pas davantage dans les moyens de leurs soldats, des Bavarois surtout.

L'ordre général du 15 septembre prescrivait aux troupes « d'éviter de venir à portée du canon des ouvrages », et celles-ci n'avaient aucune envie de courir dessus.

Mais enfin, telle était la conviction du gouverneur, et il est tout naturel qu'après ce qu'il venait de voir et d'entendre, il eût cru à la possibilité d'une attaque d'un moment à l'autre.

Par conséquent, bien qu'on en ait écrit, il était logique avec lui-même en inspectant les remparts et en donnant des ordres pour la défense.

Mais ensuite le gouverneur a dû entendre le canon tonner de nouveau sur le plateau, lui indiquant que l'évacuation n'est pas complète et que le général de Caussade l'a induit en erreur.

Puis, que seraient devenues les divisions d'Hugues et de Maus-

---

laquelle il me faut un homme de sa trempe et de son indomptable énergie. »
Le général Trochu voulait évidemment parler du plateau de Châtillon.

Quand le général Ducrot arriva lui-même le 15, le gouverneur, dans l'exposé qu'il lui fit, déclara qu'il fallait « abandonner les positions extérieures et s'en tenir à la défense des forts et du corps de place. »

Le 16, il en revenait à l'idée qu'il avait exprimée devant le capitaine Faverot de Kerbrech et cela sur les instances du général Ducrot.

sion qui devraient arriver, elles aussi, si la retraite avait été générale, comme le prétendait le commandant de la 1re division ?

On ne peut que regretter que le général Trochu, trompé par les apparences, n'ait pas envoyé après les premières mesures prises au rempart, un officier de son état-major à Châtillon; il eût su rapidement à quoi s'en tenir; alors il se fût infailliblement porté de sa personne sur le terrain de l'action, comme il en avait eu l'intention d'abord, et surtout il eût dirigé des renforts sur nos ailes.

L'arrivée de la division Blanchard, débouchant du bois de Meudon dans le flanc gauche des Bavarois, pouvait parfaitement rétablir la situation à notre avantage.

Cette division, contenant deux vieux régiments (35e et 42e) était bien appelée à midi par le gouverneur, mais pour occuper le rempart entre la Seine et la Bièvre.

« Plus tard encore, vers 2 heures, le général Vinoy, commandant le 13e corps, installait son quartier général à la gare Montparnasse; si à ce moment il avait eu l'inspiration d'envoyer un de ses aides de camp sur le plateau de Châtillon, il eût appris que le général Ducrot tenait encore la position principale et qu'il était sérieusement menacé sur ses flancs dégarnis. Il n'eût certainement pas hésité alors à lui apporter le concours de la division Blanchard, composée en partie de vieilles troupes, laissant à la division de Caussade le soin de garder les remparts sur lesquels elle était déjà établie [1]. » (*La Défense de Paris*, t. 1er, p. 65.)

Résultats du combat de Châtillon.

Le combat de Châtillon nous avait coûté :
    40 officiers tués, 18 blessés, 1 disparu.
    95 hommes tués, 541 blessés, 61 disparus.
    Total : 730 officiers et soldats hors de combat.

Les Allemands avaient eu de leur côté :
    6 officiers tués, 15 blessés.

---

[1] Le 26 décembre 1870, le général Ducrot, commandant la 2e armée de Paris, mit spontanément à la disposition du général Vinoy, commandant la 3e armée et chargé de la défense d'Avron, son 2e corps d'armée (d'Exéa) dont le concours lui fut des plus utiles.

83 hommes tués, 302 blessés.

Total : 405 officiers et soldats hors de combat.

Il est certain que si le gouverneur, cédant aux instances du général Ducrot, lui eût laissé sous ses ordres directs les 13e et 14e corps, le résultat eût été tout autre.

Nous avons vu les raisons qui l'en empêchèrent.

Nous ne pouvons croire un seul instant que, comme on l'a prétendu, il ait eu peur de rapprocher le général Vinoy du général Ducrot, craignant de provoquer un éclat en subordonnant le premier, plus ancien de grade, au second de ces généraux. Ce serait faire la plus grande injure au caractère du général Vinoy que de croire qu'il n'aurait pas prêté le concours le plus dévoué au général en chef, à cause d'une question d'amour-propre froissé.

Il eût suivi l'exemple donné en Crimée par le maréchal Canrobert ; il eût fait comme firent à Paris même les généraux Renault et d'Exéa, qui ne crurent pas se rabaisser en servant sous les ordres du général Ducrot, moins ancien qu'eux.

Du reste, une telle supposition est absolument gratuite, et ce qui la met entièrement à néant, c'est le fait qu'au mois de novembre, lors de l'organisation des trois armées de la défense, le général Trochu avait donné, sans s'arrêter par conséquent à des considérations qui n'entrèrent jamais dans son esprit, le commandant du 1er corps de la 2e armée, commandée par le général Ducrot, au général Vinoy, et ce fut sur les observations du premier de ces deux généraux qui « fit remarquer au gouverneur qu'on ne comprenait pas pourquoi il s'était réservé le commandement direct de la 3e armée, » que celui-ci confia la direction de cette armée à l'ancien commandant du 13e corps.

Il est inexact de prétendre que l'offensive du matin a compromis la défensive sur les positions de Clamart à Bagneux.

Sans la disparition de la division de Caussade, sans l'ordre de retraite incompréhensible donné par le général Appert à la division de Maussion, nous aurions maintenu notre ligne toute la journée du 19, ce qui aurait donné au gouverneur, rassuré sur Vincennes, la possibilité de faire passer tout ou partie du 13e corps à Meudon, à la droite du 14e, dans la journée du 20 [1].

---

[1] « La conduite du maréchal Grouchy était aussi *imprévoyable* que si, sur

Si, comme le disait le général Ducrot au colonel Bonnet quelques jours après le combat, tout le monde eût fait son devoir comme le 15ᵉ de marche et son chef firent le leur, on serait resté sur le plateau ; l'attitude des Bavarois, même au moment de la retraite de nos dernières troupes, n'est pas faite pour nous contredire.

Nous ne terminerons point sans répondre point par point à une longue critique d'ensemble qui a été adressée au général en chef résumant toutes les critiques de détail formulées contre lui :

Citons les textes :

« Quant au général Ducrot, réduit aux seuls régiments du 14ᵉ corps, il a eu le tort grave *de ne pas engager la division de Maussion* qu'il avait à sa portée.

« Il aurait dû lancer au petit jour, presque tout entière et d'un seul coup, la division de Caussade sur Vélizy et Villacoublay, et la division d'Hugues sur Malabry et Petit-Bicêtre, *pendant que la division de Maussion aurait assuré sa gauche en occupant les admirables positions de Bagneux, de Fontenay-aux-Roses, du Télégraphe et du parc Hachette.* Il eût protégé sa droite en garnissant de quelques compagnies les hauteurs du bois de Meudon, depuis Vélizy jusqu'à la capsulerie.

« Les trois quarts de son artillerie, établis entre Villacoublay et Vélizy, auraient balayé tout le plateau jusqu'à Montclain et jusqu'à la Cour-Roland.

« Les obus pouvaient même tomber à Jouy-en-Josas ; c'étaient les trois grandes routes qui conduisent à Versailles, placées sous notre feu ; rien n'aurait su gêner davantage les mouvements tactiques de l'ennemi.

« Nous ne saurions trop le répéter, si la division de Caussade avait faibli, elle avait la ressource de gagner Paris par le bois de Meudon[1].

« Quant à la division d'Hugues, elle se serait retirée sur la

---

sa route, son armée eût éprouvé un tremblement de terre qui l'eût engloutie. » (Napoléon Iᵉʳ, *Commentaires*, 8ᵉ observation sur la bataille de Waterloo, page 209). — On est bien en droit de formuler le même jugement sur ce qui s'est passé à la division de Caussade à Clamart et à la division de Maussion à Bagneux.

[1] Elle et les zouaves n'en ont que trop usé !

redoute par la route de Châtillon, comme elle l'a fait dans de bien moins bonnes conditions [1].

« Les plateaux dont nous étions maîtres, bordés de profonds ravins, rendaient ces opérations possibles ; mais encore une fois, nous estimons qu'il eût été préférable de ne pas tant s'éloigner des forts, en raison de l'inexpérience des troupes composés de soldats, pour la plupart, nouvellement appelés ou rappelés. »

Tout cela est incohérent et contradictoire au point de devenir presque incompréhensible.

« Engager la division de Maussion... » et plus loin : « La division de Maussion aurait assuré la gauche en occupant les admirables positions de... » Voilà deux idées absolument opposées ; la première indique pour cette division une offensive immédiate dès le début de la journée (et dans ce cas il faut la concentrer, c'est l'enfance de l'art, et non lui assigner comme on le fait, un front de 4,500 mètres, de Bagneux au cimetière du Plessis-Piquet en passant par Fontenay et le Télégraphe) ; la deuxième lui affecte précisément le rôle qui lui a été donné par le général Ducrot, qui l'a placée toutefois dans des conditions meilleures, puisqu'elle ne fut pas ainsi disséminée.

En outre, proposer d'envoyer une partie de la 3e division au Plessis-Piquet et au Télégraphe, c'est lui croire sans doute des ressources inépuisables, ou bien oublier qu'elle avait déjà le 26e de marche à la redoute, dont il fallait assurer l'occupation en cas de retraite. Lui prendre un autre régiment pour l'expédier au parc Hachette était la réduire à une seule brigade, ce qui était insuffisant pour l'occupation des positions de Bagneux, de Fontenay et du Télégraphe, et surtout pour prendre sur Sceaux, Chatenay et Bourg-la-Reine, où se trouvait une division ennemie, cette fameuse offensive vouée, nous l'avons vu, à un échec certain.

Le général Ducrot avait résolu d'une manière plus pratique la question de la défense du Plessis-Piquet en y envoyant le 15e de marche qu'il remplaça à la division de Caussade par le régiment de zouaves que le gouverneur venait de mettre à sa disposition ; cette combinaison avait l'avantage de donner le commandement

---

[1] Pourquoi « bien moins bonnes ? » Tout ceci est écrit un peu au hasard.

sur ce point important à un chef de corps qu'il connaissait et qu'il pouvait sans inconvénient abandonner à lui-même ; l'événement a démontré s'il eût raison.

« Lancer à la pointe du jour la division de Caussade sur Vélizy et Villacoublay, la division d'Hugues sur Malabry et Petit-Bicêtre... »

Mais ne sont-ce pas là précisément les objectifs indiqués dans l'ordre donné au 14ᵉ corps ? Pour les atteindre il fallait bien refouler les avant-postes placés en avant ; or, on a vu que cette première opération, si simple qu'elle fût, avait échoué, à la droite surtout, à cause de l'attitude des troupes qui avait rendu la retraite nécessaire.

Que veut bien dire : « Lancer tout entières et tout d'un coup des divisions ? »

Nous avouons ne pas comprendre.

On voudrait sans doute les engager entièrement déployées contre le premier obstacle, si minime qu'il fût, fût-ce un poste de compagnie.

C'est ne pas se douter de la nécessité d'un dispositif en profondeur et de l'importance qu'il y a, surtout avec des troupes jeunes et expérimentées, à les avoir dans la main jusqu'au dernier moment, afin de maintenir la cohésion et les liens tactiques ; c'est là le but des formations préparatoires de combat.

D'ailleurs La Garenne et Petit-Bicêtre ont été attaqués par des forces plus que suffisantes ; toute la 1ʳᵉ division a même pris son ordre de combat pour soutenir le 17ᵉ de marche, pendant que le général en chef se portait vers les zouaves, et c'était un peu prématuré ; ce qui a manqué chez les assaillants, ce n'est pas le nombre, mais la décision qui est le résultat de la confiance, et l'habitude du combat.

Eussent-ils été plus nombreux contre les avant-postes allemands, que leur désordre n'eût été que plus grand et plus irrémédiable, étant donné leur état moral.

« Protéger sa droite en garnissant de quelques compagnies les hauteurs du bois de Meudon depuis Vélizy jusqu'à la capsulerie. »

Singulière protection, nous l'avons déjà dit, que de garnir un bois et des hauteurs de quelques compagnies, sur un front de plus de quatre kilomètres !

En vérité, le général Ducrot avait adopté la seule mesure de protection rationnelle et efficace pour son flanc droit, en le couvrant du régiment de zouaves, formé en arrière en échelon débordant, avec mission de marcher sur Dame-Rose et Vélizy.

« Les trois quarts de son artillerie établis entre Villacoublay et Vélizy [1]..... »

On devient rêveur en songeant à cet emploi de l'artillerie placée à l'extrémité droite de la ligne, entièrement en flèche et dont la retraite fût devenue bien difficile dans le cas d'une offensive ennemie partant de Malabry et du bois de Verrières.

D'ailleurs, il tombe sous le sens que la position de l'artillerie est surtout déterminée par les objectifs à battre. Or, dès le début du combat, il fut évident qu'il fallait canonner, avant de les enlever, Petit-Bicêtre et Villacoublay; dans ces conditions, qu'eût été faire l'artillerie en se déployant sur le prolongement du front ennemi et parallèlement à ce même front?

C'est absolument incompréhensible.

Et tout cela pour se donner le malin plaisir de balayer tout le plateau jusqu'à la Cour-Roland, où l'ennemi n'était pas, et jusqu'à Montclain, où il fut trouvé admirablement défilé par les pentes de la vallée de la Bièvre.

Quant à tenir sous son canon « les trois grandes routes qui conduisent à Versailles », et gêner ainsi « les mouvements tactiques de l'ennemi » (?) on ne devrait pas oublier, avant de s'exprimer ainsi que, dès qu'il fut évident pour les Allemands que l'on combattait sur le flanc droit de leurs colonnes en marche sur Versailles, leur premier soin fut de modifier leur direction, de faire face au nord en déboîtant des routes suivies qu'il importait alors assez peu d'avoir sous son feu. Dès que leurs colonnes eurent pris un dispositif de combat face à l'attaque française, sans passer par Jouy-en-Josas, où la chute de nos obus ne les eût guère gênées, les routes en question ne servirent plus à leurs « mouvements tactiques »; leurs flanc-gardes à Villacoublay, à Petit-Bicêtre et à Malabry leur avaient donné le temps nécessaire

---

[1] Ne pas oublier que dans l'ordre du général en chef, l'artillerie devait, après le refoulement des postes allemands sur le plateau, venir border les crêtes du ravin de la Bièvre; c'était la *deuxième position d'artillerie* qui n'a pu être prise, la première attaque ayant échoué.

pour prendre leurs dispositions, *grâce au peu de vigueur des troupes de notre 14ᵉ corps*, tandis que des troupes décidées les eussent refoulées rapidement dans la vallée de la Bièvre.

En résumé, si l'on peut conclure quelque chose de ces critiques singulières, leur auteur eût voulu que le général Ducrot, au lieu de refouler d'abord le rideau qu'il avait devant lui, *et sans tenir compte du fait que le gros des colonnes ennemies devait principalement se trouver devant sa gauche, d'après les renseignements fournis par les reconnaissances faites la veille, qui concordaient avec ceux donnés par la lettre du gouverneur*, il eût voulu, disons-nous, que le général Ducrot s'occupât surtout d'étendre sa droite, *absolument dans le vide*, en y portant son artillerie, qui y eût été aussi inutile qu'aventurée, et s'exposant à être rapidement rejeté, en cas d'insuccès, dans le ravin de Viroflay et de Chaville, où il eût trouvé sa perte, puisque l'ennemi eût tenu les crêtes et le plateau.

Et voilà les remarquables combinaisons qu'ose exposer un auteur qui s'est permis d'écrire : « Comme Mac-Mahon et tant d'autres généraux du second empire, le général Trochu était un excellent colonel, un bon général de brigade, et même un bon divisionnaire; lui en demander davantage, *réclamer de lui des plans de campagne ou des inspirations militaires*, c'était se préparer à de mortelles déceptions. »

Et ailleurs : « Il n'avait pas l'esprit propre aux combinaisons du champ de bataille, ce qui lui défendait d'être une tête. »

On a beaucoup discuté sur les conséquences du combat de Châtillon et sur l'influence qu'il a exercé sur la suite de la défense; d'après certains auteurs, les conséquences sur le moral des troupes furent désastreuses, et, somme toute, cette affaire fut la cause de la perte des hauteurs, clefs de Paris, sans lesquelles l'ennemi ne pouvait bombarder la capitale.

A quoi peuvent bien mener de telles discussions?

Ne devait-on pas chercher à conserver ces hauteurs et pour cela combattre et même attaquer, puisque attendre l'ennemi c'était, nous l'avons démontré, s'exposer infailliblement à être tourné par Meudon, du moment que le gouverneur n'y plaçait pas le 13ᵉ corps.

Or, à qui fera-t-on croire que, sans l'offensive du 14ᵉ corps, les Allemands n'auraient pas pris eux-mêmes l'initiative pour s'établir sur le plateau de Châtillon, dont l'importance leur était connue, au moins aussi bien qu'à nous, et cela dans l'après-midi du 19 ou dans la matinée du 20 au plus tard, en faisant menacer de front la position par le IIe corps bavarois, pendant que le Ve corps prussien, interrompant provisoirement son mouvement sur Versailles le 19, ou partant de cette ville le 20, eût tourné nos lignes par Meudon.

Si l'on voulait absolument éviter toute chance d'insuccès et de démoralisation, il fallait, comme le voulait le général Trochu, évacuer le plateau dès le 18 et sans combat; mais en cela on aurait fait un faux calcul, car les Bavarois l'eussent occupé dès le 19 au matin, et le fait d'avoir abandonné, sans aucune tentative de résistance, des positions qu'on se plaisait à nommer « la porte de Paris », aurait constitué un aveu d'impuissance qui n'eût pas produit sur le moral des troupes et sur l'esprit de la population un effet plus salutaire que l'échec éprouvé par le 14e corps; ce fut précisément cette dernière considération, présentée au gouverneur par le général Ducrot, qui le fit revenir sur sa détermination première.

Si l'on a déplorer la panique des zouaves, la défection de la division de Caussade et de quelques bataillons de la division d'Hugues, en revanche, l'attitude du 19e de marche, du 7e bataillon de la Seine, des mobiles d'Ille-et-Vilaine fut excellente; le 15e de marche s'est distingué au Plessis-Piquet; notre cavalerie et notre artillerie montrèrent un calme et une solidité inespérées; nos batteries parvinrent même à réduire au silence les pièces allemandes.

Enfin, on ne peut nier que l'ennemi qui ne s'attendait nullement à une attaque de la garnison, n'ait été profondément troublé par cette manifestation « d'énergie et de virilité » et fort désagréablement surpris des pertes qu'il éprouva; il devint circonspect et hésitant.

On a souvent dit aussi qu'avec un peu d'audace, les Bavarois auraient pu, à la suite de nos troupes se retirant en désordre, pénétrer jusque dans Paris.

Certes, nous avons été le premier à trouver les attaques bavaroises bien molles, bien peu vigoureuses.

Mais que pouvait le IIe corps bavarois contre une série d'obstacles comme ceux qui l'auraient attendu dans une telle entreprise?

Encore, la 3e division seule eût pu y participer, le 4e étant trop loin en arrière au moment de la retraite de nos troupes.

« L'armée régulière, dit le général Ducrot, était restreinte, et, à quelques exceptions près, peu solide ; la garde mobile, supérieure en nombre à la troupe de ligne, était loin de la valoir comme qualité ; quant à la garde nationale, c'était une masse d'hommes sans instruction, sans discipline, sans cadres..... Néanmoins, ces troupes insuffisantes n'annihilaient pas les obstacles très sérieux que la défense pouvait opposer à un coup de main ; l'excellence des forces fixes compensait la mauvaise qualité des forces mobiles.

Ainsi, sur tout le front sud, l'ennemi était forcé de passer entre des forts se flanquant réciproquement à une distance de 1500 à 2,000 mètres ; ses colonnes eussent été désorganisées et détruites avant de venir se heurter contre la ligne du rempart gardée par la division Blanchard où se trouvaient deux vieux régiments, le 35e et le 42e. Tenter l'assaut du côté du Point-du-Jour était encore bien périlleux, le fort d'Issy et le mont Valérien croisant leurs feux sur ce point.

Or, on travaillait aux forts depuis un mois et leur armement était complet.

Montrouge avait une garnison de 49 officiers et 1680 marins ; Vanves, 54 officiers et 2,234 hommes ; Issy, 75 officiers et 2,611 hommes ; les bastions de ces forts étaient garnis par une formidable artillerie, où dominaient les pièces de gros calibre ; si l'on tient compte également des deux divisions d'infanterie et de l'artillerie qui étaient sur le rempart, on conviendra que c'était là de bien gros obstacles pour les « malheureux Bavarois ».

D'ailleurs, une telle opération était contraire aux vues du grand état-major qui voulait ne rien risquer, un insuccès sous les murs de Paris pouvant compromettre les avantages obtenus au prix de tant d'efforts depuis le début de la campagne.

En résumé, le combat de Châtillon est un type de combat livré avec des forces improvisées, dépourvues d'éducation et d'instruction militaires ; sur certains points, des fractions vigoureusement maintenues par des chefs qui savent prendre sur elles un rapide ascendant, se conduisent honorablement et montrent même de la solidité ; ailleurs, l'hésitation se produit dès les premiers coups de feu, la débandade dès les premiers obus.

Le chef règle l'attitude de sa troupe par la sienne propre, tant il est vrai que, plus que jamais, le véritable chef est celui dont parlaient les marins du comte de Grasse quand ils disaient de lui : « Il a cinq pieds six pouces les jours ordinaires et cinq pieds huit pouces les jours de bataille. »

Mais, avec des troupes composées d'éléments disparates, étrangers les uns aux autres, où il n'y a pas entre ceux qui commandent et ceux qui exécutent cette connaissance réciproque qui donne la confiance, on sera toujours exposé à des défaillances et à la panique.

Napoléon disait des soldats de Waterloo : « Il n'y avait pas assez longtemps qu'ils mangeaient la soupe ensemble. » « Mot profondément vrai », ajoute le maréchal Bugeaud.

La preuve en est que ces mêmes zouaves qui avaient fui honteusement le 19 septembre, devaient, deux mois plus tard, le 30 novembre, devant Villiers, sous un feu autrement meurtrier qui leur mettait hors de combat 23 officiers et 541 hommes, montrer un entrain et une fermeté qui rachetaient heureusement leur triste début.

C'est que le mois d'octobre et une partie de novembre avaient été employés par le général Ducrot à instruire et à discipliner ces troupes novices, en même temps que, par tous les moyens, il cherchait à relever leur moral. « Il était intéressant, dit un officier allemand du Ve corps, d'observer les exercices et les petites guerres que l'ennemi faisait exécuter à ses jeunes troupes pour les former; cela se pratiquait en grand et en petit, souvent même dans la ligne des avant-postes. »

En outre, et surtout la connaissance réciproque dont nous parlions plus haut avait eu le temps de se faire; l'esprit de corps commençait à s'affirmer dans ces nouveaux régiments; car, en campagne, l'on se forme et on apprend vite.

Paris — Imprimerie L. BAUDOIN, 2, rue Christine.

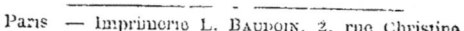

www.ingramcontent.com/pod-product-compliance
Lightning Source LLC
LaVergne TN
LVHW052110090426
835512LV00035B/1495